CURSO DE ESPAÑOL
PARA EXTRANJEROS
GUÍA DIDÁCTICA

2

sm

PROYECTO Y COORDINACIÓN EDITORIAL

Departamento ELE de Ediciones SM.

AUTORAS

Cynthia Donson
Belén Artuñedo

EQUIPO EDITORIAL

Cubierta: Equipo de diseño de Ediciones SM.
Maqueta: Antonio Herrera.
Fotografías: Javier Calbet, Sonsoles Prada, EFE, J. M. Navia.

Atención de pedidos:

Para el extranjero:
EDICIONES SM - Joaquín Turina, 39 - 28044 Madrid (España)
Teléfono 508 51 45 - Fax 508 99 27

Para España:

EN & B, Hispano Francesa de Ediciones, SA
Enrique Jardiel Poncela, 4-3° B - 28016 Madrid
Teléfono 350 05 96 - Fax 359 30 39

CESMA, SA - Aguacate, 43 - 28044 Madrid (España)
Teléfono 508 69 40 - Fax 508 49 09

ISBN: 84-348-4068-5
Depósito legal: M-40581-1994
Fotocomposición: Grafilia, SL
Imprenta SM - Joaquín Turina, 39 - 28044 Madrid
Impreso en España-Printed in Spain

ÍNDICE

INTRODUCCIÓN

ELE 2 es un curso de español dirigido a estudiantes adolescentes y adultos. Para este segundo nivel se han planteado los siguientes objetivos:

— Aumentar la competencia lingüística del alumno para que pueda comunicarse en un mayor número de situaciones sociales y profesionales.

— Prestar especial atención al equilibrio en la adquisición de las destrezas orales y escritas.

— Introducir al alumno en el mundo de habla hispana, en un contexto social, cultural y profesional.

— Centrar el curso en el alumno, llevándole a la reflexión sobre su propio aprendizaje y fomentando su autonomía y confianza.

Materiales que componen el curso:

— Libro del alumno.

— Cuaderno de Ejercicios.

— Guía Didáctica.

— 2 casetes con las grabaciones del Libro del Alumno.

— 1 casete con las grabaciones del Cuaderno de Ejercicios.

Libro del Alumno

El Libro del Alumno está estructurado en tres Unidades, cada una de ellas formada por cinco lecciones, más otra de repaso (Balance).

A su vez, cada lección comprende cinco apartados:

• Una página de **Presentación**, que pretende introducir el tema general de la lección y/o los exponentes lingüísticos.

• Entre cuatro y ocho páginas de **Actividades**. El trabajo sobre las nociones/funciones siempre sigue la misma secuencia: presentación de la función nueva y de los exponentes lingüísticos, práctica oral controlada y práctica libre, todo ello desde un enfoque comunicativo.

• Dos páginas, con el título de **Al habla, a la escucha, a la línea, por escrito**, expresamente dirigidas a practicar las destrezas oral y escrita. Esto le permite al alumno desarrollar estrategias para adquirir la lengua de manera global.

• El apartado **Recuerda**, que recoge los exponentes lingüísticos presentados en la lección, con sus correspondientes usos y funciones.

• **Para todos los gustos**, apartado dirigido a acercar al alumno a temas de alcance más amplio a través de información cultural, social, práctica, etc., relacionada sobre todo con el mundo hispano.

Después de cada cinco lecciones hay una lección de repaso, llamada **Balance** (aparecen tres a lo largo del curso). Estas lecciones no pretenden ser exhaustivas, sino una breve recapitulación de lo visto, antes de pasar a la siguiente unidad de trabajo. Se complementan con las **Evaluaciones** propuestas en la **Guía Didáctica**.

El Libro del Alumno cuenta también con dos apéndices:

- El **Resumen Gramatical,** que incluye los nuevos contenidos gramaticales presentados en el libro. El tratamiento de dichos contenidos responde a los usos activados por las funciones comunicativas programadas en cada lección. No obstante, algunos aspectos gramaticales aparecen desarrollados de manera exhaustiva debido al elevado grado de dificultad para el alumno o por posibles interferencias con otros aspectos gramaticales.

- Un **Glosario**, pequeño diccionario monolingüe que explica en español una selección de las palabras nuevas que aparecen en el apartado de actividades. Se pretende familiarizar al alumno en el uso de los diccionarios monolingües y aumentar su autonomía.

Cuaderno de Ejercicios

Consta de quince lecciones y tres evaluaciones, con una amplia gama de ejercicios destinados a reforzar y ampliar el lenguaje presentado en el Libro del Alumno. Dichos ejercicios han sido concebidos para trabajar de forma individual y pueden ser realizados en el aula o fuera de ella, según el criterio del profesor. Se incluyen, asimismo, ejercicios de práctica oral controlada, con las grabaciones correspondientes, que también se prestan a su uso en el laboratorio. El Cuaderno incluye en algunas lecciones un apartado sobre ortografía y ejercicios para su práctica, así como actividades de autoevaluación. Para facilitar la labor del profesor y el trabajo personal del alumno, las soluciones de los ejercicios aparecen al final del Cuaderno.

Guía Didáctica

La Guía Didáctica presenta los principios metodológicos en los que se apoya el curso y sugerencias para realizar las actividades del Libro del Alumno. Incluye las respuestas a las actividades que aparecen en él, además de actividades complementarias que el profesor podrá incluir en su programación, teniendo en cuenta los intereses y necesidades de sus alumnos.

También en cada lección se incluye material complementario que se ajusta al tema tratado, y que se puede utilizar para repasar vocabulario, desarrollar las destrezas, o simplemente para cambiar de actividad. Se sugieren también algunos ejercicios que pueden ser utilizados como evaluaciones parciales al término de cada Unidad.

CONSIDERACIONES METODOLÓGICAS

Presentación y práctica de las funciones y exponentes lingüísticos

En cada lección se presentan las nuevas funciones y exponentes lingüísticos mediante diálogos, dibujos, fotos, lecturas, etc., en los cuales quedan reflejados los usos de los mismos. Estas muestras de lenguaje y las tareas propuestas llevan al alumno a descubrir la norma que luego podrá comprobar en el **Fíjate**, cuadro que recoge la forma y uso del nuevo exponente lingüístico. Inmediatamente después, el alumno tiene la oportunidad de aplicar sus nuevos conocimientos a través de las diversas tareas propuestas.

Expresión oral

Se pretende desarrollar esta destreza mediante las diferentes actividades mencionadas en el apartado anterior. La secuenciación de las actividades es de gran importancia y se puede resumir en tres fases:

• Presentación de las funciones y de los exponentes lingüísticos nuevos.

• Práctica controlada: En esta fase, las actividades propuestas permiten al alumno activar los exponentes nuevos en un contexto restringido que reduce la posibilidad de cometer errores y que brinda al profesor la oportunidad de intervenir de forma directa en la corrección de los mismos.

• Práctica libre: En esta fase se ofrece al alumno la oportunidad de buscar libremente la manera de expresarse, de aplicar sus conocimientos a situaciones nuevas y de «jugar» con el idioma. En esta fase, la comunicación prima sobre la corrección.

Se ha procurado proponer actividades en las que haya una interacción comunicativa, es decir, una **transferencia real de información**. Por esta razón, un gran número de actividades se caracterizan por tener un vacío de información que el alumno deberá completar mediante una interacción comunicativa.

En este tipo de actividades, los alumnos deben trabajar (en parejas o grupos) para completar una tarea o una información. Ello supone una regulación de la actividad, según la cual cada alumno dispondrá únicamente de una parte de la información. Para que la actividad sea rentable, es fundamental que el alumno no tenga acceso a la información de su compañero. Para ello conviene que se hagan fotocopias de la actividad y que el profesor dé a cada alumno la parte que le corresponde. (Ver actividad 7c) en la página 51.)

Actividades en parejas o grupos

Gran parte de las actividades incluidas en este curso están pensadas para la práctica en parejas o grupos. Las razones que lo justifican son:

— La realización de actividades en parejas o grupos permite **la participación de todos los alumnos en todas las actividades**. Sirve para agilizar las actividades y para que todos estén atentos, evitando la distracción o el aburrimiento que suele producirse cuando toda la interacción sólo tiene lugar entre el alumno y el profesor.

— Se amplía el tiempo que tienen los alumnos para hablar español en clase, a la vez que impide que la actividad se prolongue demasiado y resulte monótona.

— Además de lograr una mayor práctica lingüística, se refuerza la función comunicativa de la lengua, teniendo en cuenta que, por regla general, intervienen un mínimo de dos interlocutores en un acto de comunicación.

Para explotar al máximo este tipo de actividades se sugiere seguir los siguientes pasos:

1. Explicar primero la actividad y asegurarse de que los alumnos han entendido lo que deben hacer.
2. Realizar una demostración de la actividad o parte de ella directamente con un alumno.
3. Hacer la actividad con toda la clase.
4. Comprobar y comentar la realización de la misma.

El profesor deberá tener en cuenta que mientras los alumnos están trabajando en parejas o grupos, su papel consistirá en supervisar la actuación comunicativa y lingüística y anotar las dificultades y los errores, que se corregirán y explicarán una vez terminada la actividad.

Fonética y pronunciación

En la mayoría de las lecciones se incluyen actividades orientadas a la escucha de muestras o modelos de lengua hablada y a la realización de ejercicios para la práctica de las destrezas auditiva y oral.

Se pretende desarrollar una buena capacidad auditiva en el alumno ya que la percepción determina la producción y es éste el primer problema con el que se enfrenta el aprendiz de una lengua extranjera.

Dichas actividades pretenden también favorecer la pronunciación correcta de los sonidos dentro de un contexto adecuado. Se opta, por lo tanto, por una corrección fonética basada no en el sonido aislado, sino en la cadena fónica.

Las actividades centradas en la entonación, pausas y acentuación tienen como objetivo alcanzar la fluidez en la expresión oral. Por otro lado, estos elementos inciden directamente en la pronunciación correcta de los sonidos; por esta razón es aconsejable que el profesor insista en ello. A modo de ejemplo, para insistir en la entonación, pedir a los alumnos que indiquen con un movimiento de la mano la entonación de lo que repiten. Esto favorecerá la correcta acentuación y pronunciación de palabras y frases.

Otras actividades se centran en problemas de ortografía (tratados especialmente en el Cuaderno de Ejercicios) y que pretenden potenciar la correcta expresión escrita.

En general, se debe valorar la importancia que tiene que los alumnos se escuchen unos a otros, y que sean capaces de distinguir y señalar, aunque sea de forma intuitiva, los errores de sus compañeros. Este tipo de corrección constituye una buena práctica para modificar hábitos de pronunciación. Se sugiere que el profesor anime a los alumnos a repetir melodías, tararear, cantar, producir trabalenguas, etc.

Comprensión oral y lectora

Uno de los objetivos más importantes del curso **ELE 2** es el desarrollo de las estrategias necesarias para entender el español hablado y escrito. Por ello se incluye una gran cantidad de textos y actividades dirigidos a mejorar dichas destrezas.

Las técnicas utilizadas en ambos casos son muy parecidas.

En general, se parte de alguna tarea (pudiendo tratarse incluso de una sola pregunta) que constituye la **motivación** inicial para leer un texto o escuchar una grabación. Dicha tarea suele ser sencilla y al alcance de todos los alumnos, y constituye el primer paso hacia la comprensión global del texto. Esto permite realizar luego una lectura/escucha más selectiva, en la que se le pide al alumno que busque una información más específica, pero nunca tan específica que tenga que comprender absolutamente todo.

De esta forma, se pretende que los alumnos aprendan a aplicar las mismas estrategias que las que utilizan a la hora de escuchar o leer en su lengua materna: tener en cuenta el contexto, anticipar, adivinar, hacer caso omiso de las palabras que no entienden, activar sus adquisiciones culturales y recurrir a sus conocimientos del mundo y de los demás, etc. Esta manera de enfocar la audición y la lectura es sumamente motivadora; aunque el texto sea muy difícil, el alumno podrá realizar las tareas propuestas, lo que le permitirá **darse cuenta de lo que sabe y valorar sus propios recursos**.

Grabaciones

Conviene introducir siempre las actividades de audición, bien explicando la situación, hablando de un dibujo o foto o sonsacando a los alumnos el vocabulario que luego aparece en la escucha. Si los alumnos no disponen de un marco referencial, no entenderán nada.

A menos que se trate de una evaluación, se puede poner la grabación todas las veces que sean necesarias. Sin embargo, la primera vez es aconsejable que los alumnos escuchen el texto entero sin pausas.

Una vez realizada la tarea, y antes de volver a escuchar la grabación, los alumnos deben comprobar sus respuestas con un compañero. De esta forma, los alumnos con más dificultades encontrarán apoyo y no tendrán la sensación (muchas veces equivocada) de ser los únicos que no comprenden lo que se dice en la grabación.

Lectura

Las actividades propuestas para desarrollar la destreza lectora en el apartado **Al habla, a la escucha, a la línea, por escrito** se pueden dividir en tres fases:

• Antes de leer

En esta fase se proponen actividades dirigidas a presentar el tema y a despertar el interés por el texto que se va a leer.

• La lectura

La primera actividad sugerida pretende enfocar el texto desde un punto de vista global. A continuación, se proponen actividades que llevarán al alumno a entender el texto de forma más detallada.

• Después de leer

En esta última fase se proponen actividades que relacionan el texto con el mundo del alumno o con el mundo en general.

Tanto en este apartado como en el de **Para todos los gustos** se han utilizado **materiales auténticos** como textos de lectura por las siguientes razones:

• Los textos auténticos presentan muestras de lenguaje real.

• Por el hecho de ser auténticos, son interesantes y acercan al alumno a la cultura del mundo hispano.

• Son textos contextualizados, con una finalidad específica.

La explotación sugerida para los textos socioculturales, relacionados con el mundo hispano, del apartado **Para todos los gustos** es mucho más libre. Por ello se proponen actividades dirigidas a una lectura extensiva que dé lugar a la reflexión y al debate.

Expresión escrita

El curso **ELE 2** ofrece numerosas propuestas para practicar la expresión escrita, tanto en el Libro del Alumno como en el Cuaderno de Ejercicios. Se ha procurado dar siempre a los alumnos un pretexto para escribir y proporcionarles un modelo para facilitar la actividad, dado que deberá primar la capacidad de comunicación y el uso correcto del idioma sobre la originalidad de las ideas.

Vocabulario

El enfoque temático del curso **ELE 2** permite ampliar el vocabulario de forma sistemática.

Hay que animar a los alumnos a utilizar todos los medios a su alcance para entender las palabras nuevas:

• Por deducción, basándose en sus conocimientos del español u otros idiomas.

• Por sus conocimientos del mundo en general.

• Por el contexto.

• Por los conocimientos de sus compañeros.

• Por la utilización del Glosario o de un diccionario.

• Y en último lugar, por la ayuda del profesor.

Si el profesor lo explica todo, el alumno siempre se apoyará en él, caerá en la tentación de traducir palabra por palabra y no adquirirá autonomía y confianza en sí mismo.

Sin embargo, el profesor siempre debe asegurarse de que los alumnos comprenden las instrucciones para realizar las tareas o ejercicios propuestos.

Evaluación

En cada lección del **Cuaderno de Ejercicios** se propone una **autoevaluación,** con actividades bastante abiertas, que proporcionan al alumno la oportunidad de darse cuenta de lo que ha aprendido. Además se incluyen tres **evaluaciones** que figuran después de cada cinco lecciones.

La **Guía Didáctica** ofrece también tres **evaluaciones** que corresponden a cada una de las Unidades del Libro del Alumno. Dichas evaluaciones pueden complementarse con algún ejercicio de comprensión auditiva y con un ejercicio de redacción (carta, postal, nota, breve descripción, etc.) de entre los sugeridos en el Libro del Alumno (Balances) o en el Cuaderno de Ejercicios (Evaluaciones).

LECCIÓN 1

Esta primera lección está concebida como lección de repaso y también como la toma de contacto entre alumnos y profesor.

Antes de abrir el libro, el profesor podría realizar alguna de las siguientes actividades con los alumnos, según si ya se conocen o no.

A. Alumnos que se conocen

1. El profesor les hace preguntas del tipo:
   Hola, X. ¿Qué tal te ha ido?
   X, ¿qué has hecho en vacaciones? ¿Has salido fuera?
   ¿Dónde has pasado las vacaciones?
   ¿Te has quedado aquí?

   Luego los alumnos hacen preguntas al profesor para descubrir lo que ha hecho.

2. El profesor describe con mímica lo que ha hecho en sus vacaciones. Los alumnos van diciendo lo que han entendido. Después forman parejas y describen sus vacaciones con mímica. El que no está haciendo la mímica puede hacer preguntas para precisar la información obtenida. Luego se cambia de turno. Una vez terminada la mímica, los alumnos cuentan a la clase lo que han descubierto con relación a su pareja.

B. Alumnos que no se conocen

1. El profesor se presenta con mímica. Por ejemplo, para indicar que está casado o soltero, enseña si tiene el anillo de bodas o si no lo tiene. Si le gusta leer, se sienta con un libro y pone cara de felicidad, etc. Los alumnos van diciendo lo que van descubriendo del profesor.

Después los alumnos forman parejas. Uno de ellos intenta presentarse con mímica, el otro puede hacer preguntas para precisar la información obtenida. Luego se cambia de turno. Una vez terminada la mímica, los alumnos explican a la clase lo que han descubierto sobre su compañero.

2. Los alumnos forman parejas. El profesor les dice que tienen que descubrir tres cosas que tienen en común y tres cosas en las cuales difieren. Después cuentan a la clase lo que han descubierto de su pareja.

PRESENTACIÓN, página 11

1 **a)** **Posibles respuestas:**

A-3, B-2, C-5, D-4, E-1.

Después de emparejar los diálogos, el profesor podría hacer preguntas del siguiente tipo:

En uno de los diálogos, las personas no se conocen. ¿En cuál? (E-1)

En uno de los diálogos, hablan de otra persona. ¿En cuál? (C-5)

En uno de los diálogos, las dos personas han tenido experiencias muy distintas. ¿En cuál? (B-2)

En uno de los diálogos se presenta a una tercera persona. ¿En cuál? (D-4)

Leed el diálogo A. Si se tratase de dos personas que se conocen muy poco, ¿qué habrían dicho?

Hola, ¿cómo está? ¿Qué tal le ha ido?

Hola. Muy bien. ¿Y a usted?

ACTIVIDADES 2b)-3 (Repaso)

OBJETIVOS COMUNICATIVOS	GRAMÁTICA
Pedir y dar información personal:	
Nombre	¿Cómo se llama?/Se llama ...
Parentesco/Identidad	¿Quién es?/Es mi hermano ...
Edad	¿Cuántos años tiene? Tiene ... años.
Estado civil	¿Está casado?
Residencia	¿Dónde vive?
Ocupación	¿Qué hace? Es taxista.
Aficiones	¿Le gusta ...?
	Demostrativos: *éste/ése/aquél*

b) Anime a los alumnos para que presenten a los alumnos nuevos o que se presenten ellos mismos. Si todos se conocen, estimule a los alumnos para que se hagan preguntas del tipo:

¿Qué tal te ha ido?
¿Qué tal lo has pasado?, etc.

a) y b) El profesor introduce esta actividad escogiendo una foto como suya. **Por ejemplo:** la de las bicicletas.

Anime a los alumnos a que le hagan preguntas sobre las personas de la foto:

¿Quiénes son?/¿Quién es esa/esta mujer?

Ésta/ésa es mi hermana, y éste/ése es mi cuñado.
¿Cómo se llaman?
Mi hermana se llama María y mi cuñado se llama Manolo.
¿En qué trabaja tu cuñado?
Es taxista, etc.

En grupos de cuatro alumnos, cada uno escoge una foto como suya. El profesor les da unos cinco minutos para que inventen la identidad de las personas de «su» foto. Después responden a las preguntas de los demás miembros del grupo.

ACTIVIDAD 4 (Repaso)

OBJETIVOS COMUNICATIVOS	GRAMÁTICA
Hablar de lo que se ha hecho recientemente.	Pretérito perfecto.

a) Respuestas:

A) Corresponde a la segunda foto.

B) Corresponde a la tercera foto.

C) Corresponde a la última foto.

D) Corresponde a la primera foto.

b) Introduzca la actividad explicando a los alumnos lo que ha hecho en vacaciones/durante el fin de semana, etc.

Antes de realizar la actividad del libro del alumno, asegúrese de que los alumnos entiendan todo el vocabulario que aparece en el cuadro.

Los alumnos se levantan y se mueven por el aula, haciendo preguntas a sus compañeros. Para que la actividad sea más eficaz, conviene decirles que tienen que procurar escribir un nombre distinto en cada casilla.

Los alumnos harán preguntas del tipo:

¿Has hecho un viaje al extranjero este año?

c) y d) Los alumnos comentan lo que han descubierto sobre sus compañeros y luego, en parejas, hablan de sus vacaciones con más detalle.

ACTIVIDADES 5-6

PRONUNCIACIÓN Y ORTOGRAFÍA
Sonidos /θ/ /k/ /g/ /x/ /b/   Sílabas   Deletrear

a) y b) Respuestas:

Dos sílabas: Gijón, Cádiz, Madrid, León.
Tres sílabas: Bilbao, Santander, Oviedo, Toledo.

Cuatro sílabas: Barcelona, Zaragoza, Salamanca, Valladolid.

Una vez realizado el ejercicio, conviene llamar la atención de los alumnos sobre las dificultades de pronunciación de algunos sonidos en español y su correspondencia ortográfica:

— Gijón: el mismo sonido /x/ representado por dos letras diferentes.

— Cádiz-Madrid-Valladolid: la **d** final en español no se pronuncia, se omite o es pronunciada como z /θ/, como en la palabra Cádiz. En la región de Cataluña se pronuncia como **t** /t/.

— No hay diferencia de pronunciación entre **b** y **v**: Bilbao-Valladolid.

— Zaragoza-Cádiz-Barcelona: comparar la pronunciación del sonido /θ/ (**z** y **c**) en las tres palabras.

Pida a los alumnos que intenten redactar alguna regla ortográfica a partir de la pronunciación de las palabras.

6 a)

Teresa: *Éstas son de julio del 89, en Santander; ya están ordenadas. Ahora ésas de ahí, ¿me las acercas?*

Thorsten: *Sí, toma. ¿De cuándo son ésas?*

Teresa: *Del mismo año, pero en Semana Santa, en abril, en Rodalquilar.*

Thorsten: *¡Huy! ¿Cómo se escribe eso?*

Teresa: *R O D A L Q U I L A R. ¿A ver? Sí, está bien. Y este álbum es el de mi cumpleaños, en Arenys de Mar; apúntalo: A R E N Y S, y luego de Mar, en dos palabras.*

Thorsten: *¿En noviembre, verdad?*

Teresa: *Sí, noviembre de 1991. Y aquel montón de fotos debe de ser del viaje a Oviedo, en septiembre de 1988. A ver... Sí, justo.*

Thorsten: *O V I E D O. Es así, ¿no?*

Teresa: *Sí, sí, escribe debajo los otros sitios: Gijón, G I J O N, Luarca, L U A R C A, y Cudillero, C U D I L L E R O.*

Thorsten: *¿Vale así?*

Teresa: *Estupendo, gracias.*

Thorsten: *De nada.*

Respuestas:

Julio 1989	Santander
Semana Santa	Rodalquilar
Noviembre 1991	Arenys de Mar
Septiembre 1988	Oviedo.

6 b) Si quiere, puede ampliar esta actividad. Los alumnos, en parejas o equipos, miran el mapa de la página 15 y se hacen preguntas del tipo:

¿Cómo se escribe Córdoba?

También se podría ampliar la actividad de la siguiente manera: los alumnos, en parejas o equipos, piensan en una ciudad, un país, una fruta, una marca de coche, una persona famosa, etc. que los demás tienen que adivinar.

Por ejemplo:

Es una fruta. Empieza con ene y termina en a. (Naranja)

Es un cantante. Su apellido empieza con ese y termina en ene. (Springsteen)

ACTIVIDAD 7

OBJETIVOS COMUNICATIVOS	GRAMÁTICA
Pedir y dar información sobre la localización de lugares. Describir lugares.	Verbos **ser** y **estar**.

7 a) *Trujillo está en Extremadura, al sur de Cáceres, cerca de Portugal. No es una ciudad muy grande, pero es preciosa. Tiene un castillo medieval y hay también varias iglesias y palacios muy interesantes. Es una ciudad turística y tiene algunas calles que conservan su pasado histórico.*

Los alumnos escuchan la descripción una vez. El profesor escribe las siguientes palabras/expresiones en la pizarra:

— en Extremadura
— al sur de Cáceres
— cerca de Portugal
— una ciudad muy grande
— preciosa
— una ciudad turística.

Los alumnos vuelven a escuchar la descripción y deciden si las expresiones van con «ser» o con «estar». Se comprueban las respuestas y los alumnos sugieren la regla gramatical.

(**Estar** se utiliza para ubicar lugares o cosas; **ser**, para describir características que se perciben como permanentes.)

AL HABLA, A LA ESCUCHA, A LA LÍNEA, POR ESCRITO

8 **b)** Esta actividad está planteada como una actividad oral, y para asegurarse de que así sea, sugerimos que el profesor haga fotocopias de los textos de **A** y **B** para realizarla con los libros cerrados. Se divide la clase en parejas y se reparten las fotocopias. Los alumnos siguen las instrucciones en el libro. Vale la pena decirles que no deben enseñarse los textos. Conviene también advertirles que la información que es igual en los dos textos es forzosamente correcta.

c) Al final, entre los dos, deben encontrar el siguiente texto:

Granada, construida al pie de Sierra Nevada y situada en el este de Andalucía, famosa por su pasado árabe, recibe a muchos turistas que vienen a visitar La Alhambra, monumento conocido internacionalmente. La variedad de su paisaje y su clima permiten, durante el invierno, la práctica del esquí en sus montañas cercanas y disfrutar del mar en los puertos deportivos que están a unos 60 km de la capital.

9 **a)** **Respuestas:**

1. A su familia. La pista es: «Recuerdos a todos».
   La postal puede empezar: Querida familia/Queridos padres/....

2. A un amigo, porque habla de chicas, discotecas, etc. y termina con «Recuerdos a los compañeros». También utiliza un lenguaje más juvenil, como en «pasarlo bomba» (pasarlo muy bien), «marcha» (juerga), «súper».
   La postal puede empezar con cualquier nombre.

3. A su novio, por el final de la postal: «Te he echado mucho de menos y cuento las días que faltan para verte ...»
   La postal puede empezar con «Querido» + cualquier nombre de chico.

4. A su profesor. Puede sorprender el uso de «tú», aunque no es infrecuente utilizarlo con el profesor, jefe, etc. La referencia a la compra de libros históricos y artísticos aquí nos sirve de pista.
   La postal puede empezar con el nombre de pila o con Sr./Sra.

c) Una vez que los destinatarios hayan recibido sus postales, cuentan quién les ha escrito, etc. El profesor les podría animar a que digan frases como las siguientes:

¡Qué ilusión! He recibido una postal de ...

o

¿Sabes quién me ha escrito?

o

¡Mirad! He recibido una postal de ...

PARA TODOS LOS GUSTOS

En este apartado se pretende hacer una reflexión sobre los gestos y las formas de saludar en distintos países y la comunicación no verbal, que nos ayuda en muchas ocasiones a entender el idioma extranjero.

Página 18

1. **Respuestas:**

   3 = A, 4 = B, 5 = C, 2 = D, 1 = E.

2. Pregunte a los alumnos si estos gestos

se utilizan en sus países, en qué ocasiones se utilizan y a qué mensaje verbal corresponden. Los tres primeros gestos significan muy bien, de acuerdo, estupendo, victoria, mientras que el cuarto es un gesto insultante.

Pida a los alumnos (agrupados si es posible por nacionalidades) que realicen algunos que se utilizan en sus países. Los demás alumnos deben intentar decir el mensaje que transmite el gesto.

La actividad empieza cuando usted dé la señal.

Página 19

En esta sección de cada lección aparecen textos auténticos, los cuales en muchas ocasiones, por el mismo hecho de tratarse de documentos auténticos, son difíciles. A través de estos textos pretendemos acercar al alumno al mundo hispano o al mundo en general, y demostrarle que no necesariamente hace falta entender todo para tener una idea global de un texto complejo. Este planteamiento también explica las preguntas, muy abiertas, que acompañan a estos textos, y el hecho de que no se haga una lectura intensiva.

Respuestas:

1. Hay siete palabras relacionadas con el cuerpo: mejillas, labios, moflete, carrillos, orejas, mano, cuello. Mejilla, moflete y carrillo significan lo mismo.

2. Normalmente se besan.

   Los españoles no se besan en ocasiones muy formales u oficiales, en tratos de negocios, ni entre personas muy mayores. Aunque no lo dice de forma explícita en el texto, deja entender que los hombres tampoco se suelen besar. La única excepción es entre hombres de la misma familia.

MATERIAL COMPLEMENTARIO

Dictado «de pared»

Para una clase de 20 personas, haga 4 ó 5 fotocopias ampliadas del texto que aparece en esta página. Divida la clase en grupos de 4 ó 5 alumnos. Cada grupo debe elegir «un mensajero». Coloque las fotocopias en la pared del aula, aproximadamente a la misma distancia de cada grupo. La actividad empieza cuando usted dé la señal. Cada mensajero se acerca al texto que corresponde a su grupo, memoriza una frase, vuelve al grupo y se la dicta. Vuelve a la pared, memoriza la siguiente frase, la dicta al grupo, y así sucesivamente. Gana el grupo que termine primero sin errores. (No debería haber errores, dado que los alumnos pueden pedir al mensajero que deletree las palabras.)

TEXTO:

Hoy, el acueducto de Segovia es un monumento herido. En las últimas dos décadas ha envejecido más que en sus 2.000 años de vida. No es extraño. Esta obra romana ha servido como apoyo a la red de electricidad, se ha utilizado como escenario de conciertos de rock y de la visita del papa Juan Pablo II en 1982. Contra él se han estrellado camiones y automóviles. Y hasta el año 1992, 30.000 vehículos circulaban diariamente bajo sus arcos.

LECCIÓN 2

PRESENTACIÓN, página 21

La actividad de emparejar frases con símbolos podría realizarse en parejas para que resulte más fácil. Es muy probable que haya vocabulario nuevo, que los alumnos podrán adivinar con la ayuda de los símbolos.

Respuestas:

A = 4, B = 2, C = 5, D = 6,
E = 3, F = 1, G = 7, H = 8,
I = 9, J = 10.

Los símbolos pueden verse en los siguientes lugares:

A. En el Metro, en la consulta del médico, en un cine/teatro, etc.
B. En un hospital, cine, hotel...
C. En un avión.
D. En un cajero automático.
E. ¡En el Metro en España!
F. En la puerta de un garaje, en la calle.
G. En un contenedor de recogida de vidrio.
H. En la carretera.
I. En un supermercado, tienda, museo.
J. A la salida de un túnel.

ACTIVIDADES 2-3

OBJETIVOS COMUNICATIVOS	GRAMÁTICA
Dar y seguir instrucciones.	Imperativo afirmativo Tú, vosotros, Ud., Uds. Imperativo negativo con el infinitivo.

a) Respuestas:

Cabina de teléfono, cajero automático, consigna.

Hable con la clase de las funciones de dichas máquinas:

¿Para qué sirve la cabina de teléfono? (Para llamar por teléfono.)
¿Dónde se encuentra? (En la calle, en los aeropuertos y estaciones, etc.)
¿Qué hay que hacer para que funcione? (Meter/Introducir dinero/una tarjeta.)
¿Para qué sirve un cajero?
(Para sacar/depositar dinero.)
o
¿Cuándo se utiliza el cajero? (Cuando no tienes dinero, etc.)
¿Cómo funciona? (Con una tarjeta.)
¿Dónde se encuentran las consignas? (En las estaciones de ferrocarril y en algunos supermercados, museos, etc.)
¿Para qué sirven?
(Para dejar el equipaje/las maletas/los bolsos, etc.)
¿Habéis dejado vuestras maletas en la consigna alguna vez? ¿Cómo funcionan las máquinas que se encuentran en las consignas?

b) Primero los alumnos leen las instrucciones rápidamente y deciden a cuál de las tres fotos de la actividad 2a) corresponden.

Solución: cajero automático.

En parejas ordenan las instrucciones.

Respuesta:

— Introduzca su tarjeta.
— Teclee su número personal.
— Seleccione la operación.
— Teclee el importe.
— Si la cantidad solicitada es correcta, pulse la tecla «continuar».
— Retire su tarjeta.
— Retire el recibo y el dinero solicitado.

Después de realizar la actividad, el profesor aclara cualquier problema de vocabulario que pueda seguir existiendo y explica el **Fíjate** a los alumnos. El infinitivo se puede utilizar como forma alternativa al imperativo, tanto en frases afirmativas como negativas. Explique a los alumnos que el infinitivo sustituye frecuentemente en la lengua hablada al imperativo de segunda persona de plural: parad → parar.

3 **a)** Respuestas:

Para aprender español

A. Intenta leer los periódicos españoles.
D. Haz los ejercicios.
E. Aprende a utilizar el diccionario.
H. Habla siempre en español con tus compañeros.
J. Estudia los verbos irregulares.

Para llamar desde una cabina

B. Descuelgue el teléfono.
C. Espere el tono.
F. Introduzca el dinero.
G. Marque el número.

b) Las instrucciones para aprender español van con la forma de «tú», y las otras, con «usted». También las instrucciones para llamar por teléfono probablemente vayan por escrito, mientras que las otras podrían ser habladas.

Se podría preguntar a los alumnos por qué se utiliza «tú» o «usted» en los dos casos. En el primer caso puede ser el profesor o un amigo quien hace las recomendaciones, mientras en el segundo caso son instrucciones dirigidas a personas desconocidas (que además son clientes).

Al leer el **Fíjate**, el profesor podría sugerir a los alumnos que busquen un «truco» para acordarse de la forma de usted (indíqueles que es la forma del presente de subjuntivo). Un «truco» puede ser acordarse de que la terminación del presente de subjuntivo es la opuesta al indicativo (retir**a** → retir**e**, met**e** → met**a**).

c) Respuestas:

Instrucciones de un medicamento = Usted
(Van dirigidas a personas desconocidas.)

Instrucciones de tu libro de español = Tú
(Para establecer una relación más cercana entre alumno y libro — ¡Que sean amigos!)

Instrucciones de Telefónica para llamar al extranjero = Usted
(Van dirigidas a personas desconocidas, que además son clientes potenciales de Telefónica.)

Instrucciones de un amigo para utilizar su ordenador = Tú
(Porque sois amigos.)

d) Asegúrese de que los alumnos entiendan el vocabulario y déles algún ejemplo:

Compra periódicos españoles.

e) El profesor anima a los alumnos a que sugieran lo que hacen para aprender español y lo va escribiendo en la pizarra:

aprender gramática
hablar
hablar en parejas
hablar en grupos
escuchar cintas
hacer juegos
escuchar canciones
estudiar vocabulario, etc.

ACTIVIDAD 4

OBJETIVOS COMUNICATIVOS	GRAMÁTICA
Expresar propósitos y resoluciones. Expresar opiniones.	*Ir a* + infinitivo *Pensar* + infinitivo *Querer* + infinitivo *Tener la intención de* + infinitivo Superlativo: *Lo más ...*

Los alumnos miran el dibujo de la página 24 y leen el **Fíjate**. Si se trata de una clase monolingüe, invíteles a pensar cómo expresan propósitos y resoluciones en su idioma.

 a) y b) Una vez apuntados sus propósitos, en parejas se hacen preguntas del tipo:

¿Piensas leer novelas?

¿Tienes la intención de visitar España?
¿Vas a hacer todos los ejercicios?
¿Tienes la intención de escuchar las noticias en la radio?

Después, los alumnos cuentan a la clase los buenos propósitos de sus compañeros.

ACTIVIDADES 5-6

OBJETIVOS COMUNICATIVOS	GRAMÁTICA
Expresar gustos personales y preferencias.	Verbos: **gustar, encantar, dar igual, importar, horrorizar, preferir, odiar, soportar.**

5 a) Esta actividad va dirigida a despertar la sensibilidad de los alumnos respecto a la pronunciación del español.

Hanna: *Yo he estudiado español en mi país y ahora he venido a hacer un curso a Madrid. Pero también voy a viajar por España y quiero conocer a gente muy diferente.*

Philippe: *En mi casa he escuchado hablar español porque mi abuela es española y lo entiendo bastante bien, pero necesito practicar, y por eso estoy aquí.*

James: *Soy periodista y necesito mejorar mi español para poder trabajar en Latinoamérica. Quiero hacer un reportaje sobre México y otro sobre Argentina.*

b) Hanna es alemana, Philippe es francés y James, americano.

Si se dispone de laboratorio, puede utilizar grabaciones de alumnos de otros grupos y hacérselas escuchar a la clase. En grupos, pídales que decidan cuál es la nacionalidad del hablante identificando los rasgos de la pronunciación. Incite al alumno a que reflexione sobre los sonidos característicos de su lengua que interfieren en su pronunciación del español.

c)

James: *Para mí, lo más difícil es entender a la gente en la calle.*

Hanna: *Sí, porque hablan muy deprisa y además se co-*

men las palabras, no lo pronuncian todo.

Philippe: *Pues yo entiendo casi todo: si me falta una palabra, la puedo adivinar por las otras frases. En cambio, hablar es mucho más difícil.*

James: *A mí, lo que más me gusta es leer textos en español. Si no entiendo algo, lo busco en el diccionario y aprendo mucho vocabulario.*

Hanna: *Claro, pero lo más importante es comunicarse, hablar con la gente. Por eso lo que más me gusta en clase es escuchar diálogos y hacer luego ejercicios orales; es lo más divertido.*

Philippe: *A mí lo que no me gusta nada es escribir. ¿Y los dictados? ¡Los odio! Prefiero los juegos en clase.*

Hanna: *Lo interesante es conocer la cultura y la vida del país. Es importante saber cómo piensan los españoles para aprender español.*

James: *Pues creo que los españoles son tan complicados como su gramática. A mí los verbos me cuestan muchísimo, me confundo con todos los tiempos.*

Philippe: *Pero también es lo más interesante. A mí lo que más me divierte es jugar con las palabras, y los españoles lo hacen siempre...*

Respuestas:

1 = James	5 = Hanna
2 = James	6 = James
3 = Hanna	7 = Philippe
4 = Philippe	

Después de mirar el **Fíjate**, el profesor hace preguntas a los alumnos:

A James no le gusta nada la gramática. ¿Y, a ti, (John)?

(A mí no me gusta nada/ Yo no la soporto/ A mí tampoco me gusta ...)
¿Y a ti, (Joachim)?

Una vez que entiendan el ejercicio, se puede realizar la actividad en cadena.

Empieza un alumno diciendo:
A mí me encanta ...

¿Y a ti? (siguiente alumno)

Éste responde y hace otra pregunta al siguiente, y así sucesivamente.

El profesor debe señalar a los alumnos que si empiezan con «A mí ...», la pregunta al compañero será «¿Y a ti?», pero si empiezan con «Yo», la pregunta será «¿Y tú?» (pronombre complemento indirecto y pronombre sujeto, respectivamente).

6 Antes de empezar la actividad 6, sería buena idea repasar algo de vocabulario. Pida a los alumnos que escriban una cosa que les gusta hacer y otra que no soportan. Luego, el profesor les pregunta lo que han escrito (aunque deben responder con frases completas: «A mí me gusta cocinar, pero no me gusta planchar»). Escriba los verbos en la pizarra, para dar más ideas a los alumnos. Si el vocabulario de la clase es pobre, introduzca palabras nuevas con preguntas y mímica:

«¿A ti te gusta planchar, X?

AL HABLA, A LA ESCUCHA, A LA LÍNEA, POR ESCRITO

7 a) Es un quiosco. Se encuentran en las calles, aeropuertos, estaciones de trenes, etc. Allí podemos comprar periódicos, revistas, tebeos, cigarrillos, caramelos, chicle, golosinas, etc.

b) **Respuestas:**

A. Buzón (de correos).
B. Cabina de teléfono.
C. Taquilla.
D. Quiosco de la ONCE.
E. Semáforo.
F. Papelera.
G. Contenedor de vidrio.
H. Oficina de Correos.

c) Como es probable que los alumnos no conozcan todas las palabras, después de responder a las que saben, caben distintas posibilidades:

1. Preguntar las que no saben a los compañeros.

2. Utilizar el diccionario.

3. El profesor escribe las respuestas desordenadas en la pizarra y los alumnos deciden qué palabra corresponde a cada descripción.

PARA TODOS LOS GUSTOS

Página 28

Se trata de un fragmento de la canción «Cada loco con su tema», del catalán Joan Manuel Serrat, posiblemente uno de los cantantes más populares de los últimos veinticinco años. Empezó cantando canciones tipo protesta durante los últimos años del régimen franquista. Canta en catalán y en español.

1. Mientras escuchan la canción, los alumnos buscan palabras en la letra que coincidan con el dibujo (barrios, centro de la ciudad, artesanos, factoría, sioux, séptimo de caballería, mariposa, farero).

2. Preferencias:

+	−
las voces de la calle	el diccionario
los barrios	el centro de la ciudad
los artesanos	la factoría
el instinto	la fuerza
un sioux	la urbanidad*
los caminos	el séptimo de caballería
el farero de	las fronteras
Capdepera*	el ex Vigía de
	Occidente*

Notas (*)

— **Farero:** se utiliza para referirse al guardián del faro. Sin embargo, el término no aparece recogido en el diccionario. La palabra correcta es torrero.

— **Capdepera:** municipio de Mallorca.

— **Urbanidad:** comportamiento en el trato social con el que se muestra amabilidad y educación.

— **Ex Vigía de Occidente:** referencia a la dictadura de Franco.

4. «Cada loco con su tema» significa que todos tenemos nuestras gustos, obsesiones personales, etc.

Página 29

1. Los tres grupos de instrucciones son:

— **Para llorar:** 1, 5, 6, 10 (en ese orden). Indique a los alumnos que se trata de un texto literario de Julio Cortázar, escritor argentino, extraído de *Historias de Cronopios y de Famas*, en el que el autor incluye una serie de instrucciones para actividades tan obvias como subir una escalera, dar cuerda a un reloj o llorar.

— **Para hacer la voltereta:** 3, 12, 9, 7 (en ese orden).

— **En caso de terremoto:** 2, 4, 8, 11.

El orden aquí no importa, aunque en las instrucciones originales, los números 4 y 8 venían en un apartado llamado «Antes del terremoto», mientras que las otras dos corresponden a «Durante el terremoto».

2. Necesitas:

Agua: por si te quedas sin agua.

Alimentos duraderos: por si hay problemas de distribución de alimentos.

Linterna: por si te quedas sin luz.
Transistor: para estar informado de lo que ocurre.

Pilas: para la linterna y el transistor.

Mantas: para taparte.

Cascos/gorros: para cubrirte la cabeza.

Debes ponerte debajo de una mesa, escritorio, cama o dintel de la puerta.

Y evitar los lugares donde no haya ningún tipo de protección (por ejemplo: en la calle).

MATERIAL COMPLEMENTARIO

Divida la clase en grupos. Si se trata de una clase multilingüe, sería conveniente que los grupos estuviesen formados por alumnos de la misma nacionalidad o del mismo idioma materno. Pida a los grupos que piensen en algún proverbio y que lo traduzcan al español. Luego, cada grupo lee su proverbio en español. Si se trata de una clase monolingüe, los otros alumnos adivinan el proverbio original; si no, se comentan los proverbios y los comparan con los de sus respectivos países.

Haga fotocopias de los dibujos de la página 23, tapando los textos; mézclelos y repártalos a los grupos. Explíqueles que hay tres pares de dibujos que corresponden a tres proverbios españoles y pídales que los emparejen.

Compruebe las respuestas y escriba en la pizarra:

QUE LAMENTAR
DIOS LE AYUDA
LO QUE PUEDAS HACER HOY
NO DEJES PARA MAÑANA
MÁS VALE PREVENIR
A QUIEN MADRUGA

Después de solucionar cualquier problema de vocabulario, los alumnos deben emparejar primero las dos partes de los proverbios y luego decidir qué proverbio corresponde a los dibujos.

Compruebe las respuestas y explíqueles que los dibujos con los proverbios formaban parte de un anuncio. Invíteles a especular sobre la naturaleza del anuncio. Reparta la última parte del anuncio.

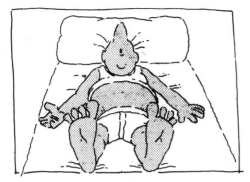

NO DEJES PARA MAÑANA...

MÁS VALE PREVENIR...

A QUIEN MADRUGA...

...LO QUE PUEDAS HACER HOY.

...QUE LAMENTAR.

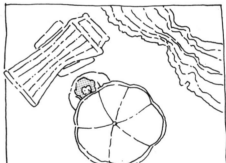

...DIOS LE AYUDA.

La Gaceta de los Negocios, 8 de julio de 1993.

LECCIÓN 3

PRESENTACIÓN, página 31

1 Aproveche el dibujo para repasar el tiempo presente continuo y vocabulario ya visto.

Una vez que los alumnos hayan utilizado los adjetivos, podrían sugerir otros adjetivos para describir a las personas del dibujo y adivinar los opuestos de estos adjetivos. Algunos ya los sabrán (por ejemplo, antipático, aburrido), pero probablemente podrán sugerir el contrario de otros como «paciente», «gracioso».

ACTIVIDADES 2-6

OBJETIVOS COMUNICATIVOS	GRAMÁTICA
Describir características personales. Expresar admiración o rechazo de una cualidad. Valorar con intensidad una cualidad.	*Ser* + adjetivo. *¡Qué!* + adjetivo. Superlativo absoluto: *Es muy gracioso/Es graciosísimo.*

2 a) Respuestas:

tímido ≠ abierto
divertido ≠ aburrido
charlatán ≠ callado
generoso ≠ tacaño
inteligente ≠ tonto
gracioso ≠ serio
simpático ≠ antipático
paciente ≠ impaciente
trabajador ≠ vago
idealista ≠ materialista

b) Esta actividad podría realizarse con profesor y alumnos de pie en círculo. El profesor tiene una pelota (de papel, por ejemplo), la tira a un alumno y dice algún adjetivo. El alumno dice el adjetivo opuesto, luego tira la pelota a otro alumno y dice otro adjetivo. El segundo alumno dice el opuesto, tira la pelota a un tercer alumno, etc. Después de haber jugado algunos minutos, se podría jugar más rápidamente. Si algún alumno no coge la pelota o no sabe el opuesto, queda eliminado.

3 a)

1. *¡Qué simpática es esta chica!*
2. *Desde luego, ¡qué poco romántica eres!*
3. *Pero ¡qué tonto es el pobre!*
4. *¡Qué trabajador estás hoy!*
5. *Oye, ¡qué listo es este niño!*
6. *¡Qué antipática estás hoy!*
7. *¡Qué generoso es Juan!*

8. *¡Qué tacaña es Ana!*
9. *¡Es aburridísimo!*
10. *¡Es graciosísimo!*
11. *¡Es divertidísimo!*
12. *¡Es feísimo!*

Respuestas:

Admiración	Rechazo
1	2
4	3
5	6
7	8
10	9
11	12

El profesor pide a los alumos que vuelvan a escuchar la cinta y que anoten el número de las frases en las cuales **no** se utilice la forma en -ísimo.

(1, 2, 3, 4, 5, 6, 7, 8.)

Luego les pregunta otra forma de expresar admiración o rechazo.
(*Qué* + adjetivo.)

4 En esta actividad, lo único que tienen que hacer los alumnos es reaccionar con frases como las del ejercicio anterior. Dado que las reacciones deben ser subjetivas, pueden decir lo que quieran. **Por ejemplo,** en el a): Es muy interesante/Es aburridísimo. Pueden contestar en el curso de la grabación, o si quiere, pare la cinta después de cada tramo de grabación y pida a los alumnos su opinión:

¿Qué te parece, X? Es muy interesante./Es aburridísimo.

a) *Con nuestro respeto y nuestro saludo deseo expresarles la gratitud y el profundo reconocimiento del Comité Organizador y el mío propio. Es la primera vez que este congreso tiene lugar en nuestra ciudad, y con tal motivo se dan cita en ella...*

b) *Un fragmento de música clásica.*

c) *La noche es mi aliada, sólo ella y yo sabemos cuánto te quiero, amor mío, no puedo vivir sin ti, y sueño con el momento de abrazarte...*

d) *Un fragmento de música flamenca.*

e) *«...y le dice el abuelo, Albino, que subas a comer», y el niño, «que no, abuelo, que no quiero comer». «Te digo que subas, mira que saco la escopeta», y el niño que nada, y sale el abuelo y al pan pan Albino vino.*

5 Después de haber practicado en parejas con los personajes que aparecen en el libro, las parejas podrían preparar descripciones de otros personajes de tebeo, dibujos animados o programas de televisión.

Las leen a la clase, que intenta adivinar de quién se trata.

ACTIVIDAD 7

OBJETIVOS COMUNICATIVOS	GRAMÁTICA
Dar consejos o sugerencias.	Imperativo afirmativo Imperativo negativo: *No* + presente de subjuntivo.

7

a) El profesor explica la situación a la clase (haciéndose el/la interesante):

Tengo una cita esta noche con un hombre/una mujer. Vamos a salir a cenar. ¿Me podéis dar algún consejo?

Si los alumnos no reaccionan en ese momento, entonces proporcióneles más ayuda haciéndoles preguntas.
Por ejemplo:

¿Qué me pongo? ¿Qué ropa me pongo? ¿De qué puedo hablar?

Después explique a la clase que los textos son todos consejos para una primera cita para cenar.

Respuestas:

Consejos relacionados con:

— **la ropa:** D, F, K (e indirectamente B, H);

— **la conversación:** A, E, G, L, M;

— **la comida:** E, J (e indirectamente I).

b) **Respuestas:**

Consejos dirigidos a:

— **la mujer:**

A (por honest**o**, novi**os**)

E (Es peligroso interesarse ciegamente por **él**)
D (el traje ceñido —también lo podría llevar un hombre, ¡pero es menos normal!)
F (No te maquilles)
H (guap**a**, divertid**a**, gracios**a**);

— **el hombre:**

B (guap**o**, divertid**o**, gracios**o**)
G (tu ex esposa)
L (por la idea generalizada de que es peor que un hombre hable mucho de su madre. Si quiere, puede pasar este consejo al tercer grupo «a los dos»)

— K (por la referencia a Pablo);

— **los dos:**

C (no va dirigido a ninguno en particular)
I (no va dirigido a ninguno en particular)
M (no **os** met**áis**)
J (Evit**ad**).

c) Esta actividad pretende que los alumnos se vayan fijando en la forma del subjuntivo antes de leerlo «formalmente» en el **Fíjate.**

25

También es aconsejable que anoten el infinitivo del verbo correspondiente para identificar los reflexivos.

No te maquilles   *Maquillarse*
No ocultes   *Ocultar*

No pidas   *Pedir*
No respondas   *Responder*
No elogies   *Elogiar*
No te pongas   *Poner*
No os metáis   *Meterse*
No pronuncies   *Pronunciar*

ACTIVIDAD 8

OBJETIVOS COMUNICATIVOS	GRAMÁTICA
Dar consejos o sugerencias.	Oraciones condicionales: *si* + presente/imperativo

8

a) Respuestas:

Dormir mal = taza de café y Drácula.
Estar gordo = chocolate y botella de agua.
Gastar demasiado = la hucha y la tienda de moda.
No tener amigos = la mujer simpática y la invitación.

Remita a los alumnos al **Fíjate** y plantéeles esta pregunta:

Entre las formas del imperativo, hay una que no es igual a las otras. ¿Cuál es? ¿En qué sentido es diferente a las otras?

La respuesta es «bebe», la única forma que no procede del presente de subjuntivo.

b) Respuestas:

A. Si quiere dormir bien, no beba café (antes de acostarse).

Si quiere dormir bien, no vea películas de terror (antes de acostarse).

B. Si quiere ahorrar, cómprese una hucha/meta dinero en una hucha.
Si quiere ahorrar, no vaya de compras/no salga de compras.

C. Si quiere perder peso, no coma chocolate.
Si quiere perder peso, beba mucha agua.

D. Si quiere hacer amigos, sea simpático/alegre/amable.
Si quiere hacer amigos, invite a gente a cenar a su casa.

Anime a los alumnos para que sugieran otras soluciones a los mismos problemas.

c) Antes de que los alumnos realicen esta actividad, pregúnteles si van a utilizar «tú» o «usted» y por qué. (Lo normal sería utilizar «tú».)

ACTIVIDADES 9-10

OBJETIVOS COMUNICATIVOS	GRAMÁTICA
Hablar de acontecimientos futuros. Expresar grados de certeza con relación al futuro.	Futuro imperfecto *Seguro que/Creo que/Seguramente/Supongo que/No sé si...*

9

a) El profesor podría introducir el tema explicando cuándo se siente nervioso y preguntando a los alumnos qué tipo de situaciones les ponen a ellos nerviosos.

(Aproveche para enseñar «estar nervioso», «sentirse nervioso», «ponerse nervioso».)

Por ejemplo:

¿En qué situaciones os ponéis nerviosos?

Yo me pongo nervioso al principio del curso, cuando entro en una clase nueva.

¿Y tú, X? ¿Cuándo te sientes nervioso?

Otra posibilidad es la de escribir una lista de situaciones en la pizarra y preguntar a los alumnos en cuáles de ellas se ponen nerviosos:

— Antes de un examen.
— Cuando te presentan a un desconocido.
— Antes de hacer un viaje.
— Cuando viajas en avión.
— Cuando el profesor te pregunta algo.
— Cuando te dicen un piropo.
— Cuando tu jefe te llama.
— Cuando te hablan en un idioma extranjero.
— En un partido de fútbol.
— Antes de la primera cita con un hombre/una mujer.

Ver diálogo en el Libro del Alumno.

Los alumnos escuchan la grabación, siguen el diálogo en el libro y deciden por qué Marta está nerviosa.

Vuelven a escuchar el diálogo. El profesor les hace alguna pregunta más, como:

— *¿Cuándo van a salir José y Marta?*
— *¿Qué van a hacer?*
— *¿Cómo es José?*
— *¿Cómo se siente Marta al final de la conversación?*

Después, los alumnos leen el **Fíjate** y subrayan todos los verbos que aparecen en el diálogo en futuro.

O tapan el **Fíjate**, buscan los verbos en futuro y sugieren cómo se forma el futuro. Después observan el **Fíjate.** El profesor debe explicar que el futuro con «Ya + futuro imperfecto» se refiere a un tiempo indefinido en el futuro. En ocasiones se utiliza precisamente para no comprometerse.

Vuelven a escuchar el diálogo y después lo practican en parejas.

b) **Respuestas:**

Marta cree que José se aburrirá con ella.

A la hora de vestirse no sabrá qué ponerse.
Durante la conversación no sabrá qué decir.
Fernando cree que la cena será muy agradable.
Fernando cree que lo pasarán fenomenal.

c) **Las frases que indican seguridad son:**

— Seguro que te encontrará guapísima y os lo pasaréis fenomenal.

— Seguramente estaré tan nerviosa que no podré decir nada.

— Estarás más relajada, la cena será muy agradable y tu amigo se divertirá mucho.

Si no salen de forma natural, el profesor pide a los alumnos que busquen frases que indican menos seguridad:

— Creo que saldrá mal.

— (No sabré qué ponerme, no encontraré temas de conversación.)

— Supongo que diré alguna tontería y se aburrirá conmigo.

10 a)

A) *Seguramente se lo pasará fenomenal.*
B) *No sé si se atreverá a hablar.*
C) *Seguro que van a bailar.*
D) *Supongo que irán a bailar.*
E) *No sé si la llamará otro día.*
F) *Creo que se volverán a ver.*

	Seguro	Dudoso
A	X	
B		X
C	X	
D		X
E		X
F	X	

b) Primero, los alumnos deciden solos si les pasarán las cosas de la lista. Después, en parejas, se hacen preguntas del tipo:

¿Crees que te casarás? No sé./Creo que sí.
Supongo que sí./Supongo que me casaré, etc.

ACTIVIDAD 11

OBJETIVOS COMUNICATIVOS	GRAMÁTICA
Explicar y entender rutas e itinerarios.	Preposiciones de lugar y movimiento.

11 a) Explique a los alumnos que están perdidos en Madrid. Quieren ir a la plaza de España. ¿Qué preguntarían?

Antes de que escuchen la grabación, hay que señalar a los alumnos que el señor que pide información está en una oficina de información en la plaza de Colón (parada de Metro «Colón»).

Como en el plano se ven mal las calles, la ruta del autobús se puede adivinar por las paradas de Metro.

— *Hola, buenas tardes. Mire, yo quería saber cómo puedo llegar hasta el hotel Emperador.*

• *Sí, pues... puede coger el Metro, la línea 4 hasta Alonso Martínez. Allí hace transbordo y coge la 5 hasta Callao. Al salir de la boca del Metro, verá el hotel enseguida, a unos 200 metros. También puede ir en autobús; es más largo y tarda un poco más, pero si quiere ver la ciudad, hay muchos que pasan por el centro. Mire, allí enfrente se coge el número 150, que va desde* *el barrio del Pilar hasta la Puerta del Sol. Baja por Recoletos y sigue por la Gran Vía hacia la plaza de España; y además ese autobús le deja a la puerta del hotel porque hay una parada justo enfrente.*

— *Ya, bueno, y... la parada de taxis ¿dónde dice que está?*

En el diálogo, se mencionan el Metro, el autobús y los taxis.

c) **Respuestas:**

• ¿Cómo puedo llegar hasta el hotel Emperador?
• Hasta Callao.
• Unos 200 metros.
• Baja por Recoletos, sigue por la Gran Vía hacia la plaza de España.

12 Los alumnos siguen las indicaciones de las tarjetas y colocan los sitios mencionados en sus planos. Indíqueles que los sitios deben estar cerca del Metro y que está prohibido enseñarse los planos.

AL HABLA, A LA ESCUCHA, A LA LÍNEA, POR ESCRITO

13 a) El profesor puede introducir el tema preguntando a los alumnos por sus compañeros de trabajo o de clase.

¿Te llevas bien con tu jefe?
¿Cómo son tus compañeros de trabajo o de clase?

Luego explica que Alicia está hablando con una amiga por teléfono de sus compañeros de trabajo.

Lo único que tienen que hacer los alumnos en la primera audición es señalar los nombres que se mencionan en la grabación.
Respuestas: Ángel, Alberto y Pepe.
La cuarta persona es el jefe.

— *¿Parece que te gusta tu nuevo trabajo?*

• *Sí, hija, estoy contentísima, tengo unos compañeros fenomenales. Curiosamente nos llevamos todos muy bien, porque la verdad es que somos muy distintos. Alberto, por ejemplo, no para de charlar. Como vive solo, no debe tener muchas ocasiones para hablar con la gente. Al jefe eso no le gusta nada: prefiere un ambiente de trabajo más tranquilo. Es que si no, no le oímos cuando nos llama, y ¡como no hace otra cosa! Luego, Ángel, que es estupendo, trabajador, servicial..., le cae bien a todo el mundo, incluso al jefe, y además te mueres de risa con él porque cuenta unos chistes graciosísimos. Pepe, en cambio, es todo lo contrario. Como es tan pesimista..., siempre está serio y preocupado.*

Pero a mí me gusta mucho porque le encanta leer y tiene una conversación muy amena e interesante. En cuanto al jefe..., pues..., en fin..., mejor no hablar.

c) **Respuestas**:

1 + c) Al jefe no le gusta la gente charlatana porque prefiere trabajar sin ruidos.

2 + d) Ángel le cae muy bien al jefe porque trabaja mucho.

3 + a) Ángel parece una persona muy divertida porque cuenta buenos chistes.

4 + b) Pepe y Alicia se llevan muy bien porque a los dos les gusta leer.

14 a) Antes de que los alumnos lean el texto, pregúnteles lo que les sugiere el título. Los alumnos leen el texto rápidamente y contestan a **b)** y **c)**.

b) El texto se puede encontrar en una revista.

c) La respuesta es «dar un consejo».

d) El texto es la respuesta a una carta de una persona tímida. Los alumnos podrían sugerir al profesor cómo era dicha carta. Después se podría redactar la carta en clase.

e) Para esta actividad, puede remitir a los alumnos a la carta de la actividad **14a)**, haciendo hincapié en el uso del imperativo para dar consejos, y de futuro imperfecto para dar ánimos y sugerir los resultados positivos de los nuevos comportamientos recomendados.

Después de completar estas actividades, los alumnos, solos o en parejas, podrían inventar sus propias cartas (en casa o en clase) y dárselas a otro compañero o pareja para que le(s) responda.

PARA TODOS LOS GUSTOS

Páginas 42 y 43

Aquí, dada la complejidad de los textos, no se sugiere que todos los alumnos los lean en su totalidad. Ahora bien, se recomienda llevar diccionarios a clase, para que los alumnos puedan consultarlos.

Normalmente, en estos temas que les atañen de forma personal, quieren entender todo.

MATERIAL COMPLEMENTARIO

Se divide la clase en grupos de 6 a 8 alumnos. Explíqueles que van a inventar un nuevo juego de pelota que se puede jugar en el aula con una pelota de papel.

Enséñeles vocabulario relacionado con los juegos y repase el vocabulario relacionado con las partes del cuerpo.

equipo	cabeza
miembros del equipo	mano
tirar	pie
coger	pierna
fallar	brazo
meter	etc.
ganar	
perder	
empatar	
pelota	
etc.	

Deles un ejemplo:

Hay dos equipos, **A** y **B**. El equipo A se pone en frente del equipo B. Un miembro del equipo A tira la pelota a uno del equipo B, que coge la pelota con la boca. No puede utilizar las manos. Si falla, el equipo A gana un punto. Si traga la pelota, queda eliminado y el equipo A gana un punto.

Los grupos inventan su juego y escriben las instrucciones.

Después entregan las instrucciones al profesor y, sin hablar, muestran su juego a la clase, que tiene que adivinar las reglas:

Por ejemplo: *Si das la pelota con la mano, pierdes un punto/quedas eliminado.*

Si metes la pelota en la papelera, ganas un punto.

Nota: Esta actividad está tomada de Maley, A. y Duff, A.: *Drama Techniques in Language Learning* (CUP).

LECCIÓN 4

PRESENTACIÓN, página 45

Antes de abrir el libro, el profesor puede introducir el tema haciendo preguntas como las siguientes:

¿Conocéis el nombre de algún periódico español o suramericano?

¿Qué tipo de información se encuentra en los periódicos?

Cuando compras el periódico, ¿qué sección del periódico lees primero?

Otra posibilidad es que escriba los nombres de algunos periódicos españoles (**sin mayúsculas**) en la pizarra. Explique que todas las palabras están relacionadas. Si quiere hacerlo más divertido, empiece por escribir los nombres más ambiguos para luego escribir los que son cada vez más evidentes:

> ya
> abc
> el país
> el mundo
> expansión
> cinco días
> la vanguardia
> la voz de galicia

 a) y b) Respuestas:

— Ningún canal por satélite... Todas las televisiones... TELEVISIÓN/RADIO.

— Objetivo Kaspárov... Los programadores de ocho países... SOCIEDAD.

— Nubosidad abundante... Tenemos una masa fría... EL TIEMPO.

— La FIFA deja que Maradona... DEPORTES.

— Dulce María de Loynaz viajará... La poetisa cubana... LA CULTURA.

— Violenta protesta en defensa de la naranja... El delegado del Gobierno anunció...ESPAÑA.

— Citroën invertirá en Vigo... La empresa automovilística... ECONOMÍA.

— Camerún albergará la conferencia del sida en África... INTERNACIONAL/SOCIEDAD.

Después de realizar la actividad **1c)**, podría pedir a los alumnos que busquen lo siguiente:

— una palabra relacionada con «nube» (nubosidad);

— una palabra que significa «una mujer que escribe poemas» (poetisa);

— un adjetivo que tiene relación con los coches (automovilística);

— una ciudad española (Vigo);

— el nombre de una enfermedad (sida);

— la palabra que se utiliza para referirse a una organización que pretende defender los intereses de los trabajadores (sindicato);

— una palabra que significa «premio» (galardón).

ACTIVIDADES 2-3

OBJETIVOS COMUNICATIVOS	GRAMÁTICA
Hablar de acontecimientos futuros.	Referencias temporales con futuro. Futuro imperfecto.

 a) Respuestas:

— Pasado mañana se inaugurará en el Palacio Real la exposición «Reyes y artistas». (María Luisa)

— Los impuestos subirán a partir de septiembre. (Miguel)

— Las clases en la enseñanza primaria comenzarán el próximo lunes. (Alberto)

— Durante el próximo año, la ciudad tendrá cinco nuevos polideportivos. (Gonzalo)

— Esta noche, la primera cadena retransmitirá en directo el concierto de rock de «Pelospunta». (Inés)

 Cuando los alumnos cuentan sus noticias a la clase, las personas afectadas pueden indicar si están de acuerdo o no respondiendo:

No estoy de acuerdo./ No creo.
Seguro (que sí). Sí, seguramente, etc.

ACTIVIDAD 4

OBJETIVOS COMUNICATIVOS	GRAMÁTICA
Opinar sobre el futuro.	*Creo que/Pienso que/Me parece que...* Uso de los pronombres personales sujeto.

 a) y b) Estas actividades van dirigidas a la expresión de la opinión sobre acontecimientos futuros y la ampliación del vocabulario (relación verbo-sustantivo).

b) Primero los alumnos deciden individualmente cuándo sucederán estos acontecimientos. Remítalos al **Fíjate** antes de que expresen sus opiniones. El apartado del Búho les proporciona los verbos que les pueden hacer falta.

 Si tiene acceso a periódicos españoles, sería interesante llevar algunos a clase para que los alumnos los hojeen y para que les sirvan de modelo. En cualquier caso, hemos incluido la portada de un periódico en el material complementario de esta lección.

ACTIVIDADES 6-7

OBJETIVOS COMUNICATIVOS	GRAMÁTICA
Formular condiciones. Ofrecerse para hacer algo.	*Si* + presente/futuro imperfecto. *Lo haré yo.*

6 a) Antes de abordar la actividad, podría introducir el tema hablando del reparto de las tareas en casa. Sería más divertido, tal vez, si usted hiciera de víctima atribuyéndose todas las tareas. De esta forma se introduce también vocabulario nuevo.

En mi casa:

¿Quién hace la compra? —Yo.
¿Quién friega los platos? —Pues yo.
¿Quién limpia el cuarto de baño? ¿A qué no lo adivináis? —Yo, claro.

Pero, ¿qué pasa **en vuestras casas?**

¿Quién hace la compra?
¿Quién friega los platos?
¿Quién limpia el cuarto de baño?

Cuando los alumnos vean la lista de tareas en la página 49, podrán especular sobre quién las hará. Al leer el diálogo, comprueban si tenían razón o no. (Ver diálogo en el Libro del Alumno.)

c) En parejas, cada alumno escribe tres cosas que tendrá que hacer al día siguiente, sin enseñárselas a su compañero. Después, teniendo en cuenta su lista y los horarios públicos de bancos y comercios, los alumnos tienen que repartirse las tareas de la lista.

7 a) Antes de realizar la actividad, el profesor formula preguntas del tipo:

¿Qué programa de televisión os gusta más?

Los alumnos realizan la actividad y comprueban sus respuestas con un compañero y con el profesor. El profesor debe insistir en que busquen pistas para poder responder y en que no hace falta entender todo.

Respuestas:

— Dos películas: «Herbie, torero», a las 16.00 y «El secreto de mi éxito», a las 21.30.

— El documental se llama «La vida a prueba. Creciendo».

— Las noticias son a las 15.00, a las 21.00 y a las 24.00.

— Hay dibujos animados en «La hora Warner», a las 17.45.

b) *Buenas tardes, señoras y señores. A continuación les ofrecemos un avance de lo que podrán ver ustedes hoy, domingo, en la programación de tarde. A las tres, la segunda cadena les ofrecerá la transmisión de la Final de fútbol Copa Intercontinental entre Barcelona y São Paulo. Seguirá «Cine Paraíso», a las cuatro y media, con la proyección de la película «El telón de acero». A las seis y veinte, en «Sala 2», podrán ver la película canadiense «Agency», a la que seguirán las noticias del día, a las ocho. Seguidamente* encontrarán *más información en «Línea 900», con Jaume Vilalta. «Días de cine», a las nueve menos cuarto, les contará todas las novedades de la cartelera española. A las nueve y media podrán disfrutar con los concursos de «La vida es juego», al que seguirá el resumen deportivo de la jornada en «Estudio estadio», a las diez y media de la noche. Cerrará nuestra programación la serie policiaca «Detective privado». Y nada más, señores, gracias por su atención y que pasen una feliz tarde.*

Respuestas:

15.00	Fútbol: Barcelona-São Paulo.
16.30	*Cine Paraíso.*
18.20	*Agency.*
20.00	*El informe del día.*
20.15	*Línea 900.* Dirección: Jaume Vilalta.
20.45	*Días de cine.*
21.30	*La vida es juego.*
22.30	*Estudio estadio.*
24.00	*Detective privado.*

AL HABLA, A LA ESCUCHA, A LA LÍNEA, POR ESCRITO

8 a) Antes de abrir el libro, el profesor escribe las palabras «España Directo» en la pizarra y pregunta a los alumnos de qué se trata. Para crear expectativas acerca del texto, es importante **no** decirles si han acertado o no. Luego pídales que lean el texto rápidamente para ver si habían acertado.

Después vuelven a leer el texto y contestan a las preguntas del apartado a).

Respuestas:

España Directo es un servicio postal. (F)
Con ED podrá comunicarse sin problemas de idiomas. (V)
Sólo podrá llamar desde teléfonos públicos. (F)
E.D. existe en todos los países. (F)
Usted pagará su llamada. (F)
E.D. siempre responde en castellano. (V)

8 b) Respuestas:

Ventajas:
— Podrá comunicarse sin problemas de idiomas ni de dinero.

— Podrá llamar desde cualquier teléfono.

— Será atendido en castellano.

— Se abonará la llamada a cobro revertido.

Forma de utilizar el servicio: Marcar los códigos de ED desde cualquier teléfono.

Precio: No se sabe. Lo único que sabemos es que se abonarán las llamadas a cobro revertido.

A quién va dirigido: Principalmente a españoles que están en el extranjero.

c) Los alumnos miran el anuncio y redactan el texto. Sugiérales que utilicen el texto de España Directo como modelo.

Páginas 54 y 55

Sugerencias:

1. Antes de leer el texto, se podría hablar de Toledo. ¿Qué saben los alumnos de la ciudad? ¿Dónde está?, etc.

2. Se divide la clase en dos grupos, **A** y **B**. Cada grupo lee uno de los textos de la página 54 y toma algunos apuntes. Luego se divide la clase en parejas, formadas por un alumno del **A** y otro del **B**. Éstos se cuentan lo que han leído.

   La segunda parte de la actividad también se podría realizar en grupos de cuatro, con dos alumnos del grupo **A** original y dos del grupo **B**. Este reparto puede favorecer la integración en la actividad de los alumnos menos competentes.

3. Se divide la clase en grupos de cuatro, que a su vez se dividen en dos parejas,

A y **B**. Cada pareja escoge un texto sin acordarlo con la otra pareja, lo lee y traza en el mapa una ruta que corresponde a su texto. Enseña la ruta a la otra pareja, que adivina qué texto ha leído y les hace preguntas del tipo:

¿Por qué vais a pasar por Talavera de la Reina?, etc.

Luego cambian de turno.

Respuestas:

1. a) Es famosa por su historia y por la literatura.

   b) Cervantes, El Greco, Don Quijote y Dulcinea.

   c) Por ser el escenario de batallas.

   d) Son famosas por su cerámica.

3. Esta actividad se podría realizar en parejas o grupos.

MATERIAL COMPLEMENTARIO

Sugerencias:

1. Podría comparar la portada de «El País» con las de los periódicos que conocen los alumnos. ¿En qué se diferencia? ¿Qué cosas son similares?

2. Pida a los alumnos que lean los titulares y especulen sobre las noticias a las que hacen referencia.

3. Proponga un miniproyecto. En grupos, los alumnos deben producir la portada de un periódico. Ésta podría estar basada en noticias locales (en el caso de un grupo monolingüe) o de clase (en un grupo plurilingüe). En ambos casos, los titulares podrían ser graciosos.

Por ejemplo:

Hans Schmidt hace los ejercicios de español.

Una profesora de español se enfada con su clase.

LECCIÓN 5

a) Antes o después de que los alumnos relacionen el vocabulario con los dibujos, podría pedirles que busquen entre el vocabulario lo siguiente:

Una palabra que se refiere a un viaje (luna de miel).

Dos palabras que se refieren a comidas (cena, banquete).

Lo que se come en fiestas de cumpleaños, bodas, etc. (tarta).

Algo que se pone en la tarta de cumpleaños (velas).

Una acción que se realiza con una copa en la mano (brindar).

Luego escriba los siguientes verbos en la pizarra:

> ir de
> hacer
> dar

Los alumnos intentan decidir qué verbos se utilizan con las palabras de la lista. Dígales que «ir de» se utiliza con cuatro de las expresiones, «hacer» se utiliza con tres, y «dar», con otras tres.

> viaje
> luna de miel
> fiesta
> una fiesta (2)
> un regalo
> juerga
> una tarta
> una cena (2)
> enhorabuena

(Ir de viaje, de luna de miel, de fiesta, de juerga; dar una fiesta, una cena, la enhorabuena; hacer una fiesta, un regalo, una cena.)

Finalmente se podría hablar aquí de costumbres relacionadas con las fiestas y los regalos. ¿Cómo celebran los cumpleaños en sus casas?

¿En qué ocasiones se hacen regalos?

En España se hacen regalos en las siguientes ocasiones: en una invitación a comer o a cenar en casa (por ejemplo: pasteles, vino o flores), cuando se visita a una persona enferma, cuando nace un niño, cuando se inaugura una casa, etc.

ACTIVIDADES 2-3

OBJETIVOS COMUNICATIVOS	GRAMÁTICA
Hacer planes. Organizar series.	Ir a + infinitivo. Marcadores temporales: *primero, luego, después.*

2 **a)** Antes de poner la grabación, explique la situación: un grupo de amigos —Fernando, Marta, Teresa y José— está preparando una sorpresa para otro amigo, Eduardo.

Teresa: *Es el día 20, pero cae en lunes; es mejor hacerlo el viernes o el sábado por la noche.*

José: *Podemos hacerlo el sábado. Nos da tiempo a avisar a todo el mundo y a comprar el regalo.*

Fernando: *Sí, pero Eduardo no se tiene que enterar, tiene que ser una sorpresa.*

Marta: *¿No creéis que sospechará algo?*

Teresa: *¿Por qué no le llamas tú y le dices.., no sé, que le quieres enseñar unas fotos o algo así? Como vamos a hacer la fiesta en tu casa...*

Marta: *Vale, ya se me ocurrirá algo. Bueno, vamos a organizarnos.*

	¿Quién se encarga de llamar a todo el mundo?
José:	*Yo. Lo primero es saber cuánta gente va a venir. Entonces quedamos en que la fiesta es el sábado a las nueve o así, ¿no?*
Fernando:	*Sí, y podemos poner un fondo de 1.000 ptas para hacerle el regalo y para comprar las cosas de la fiesta.*
Teresa:	*Yo, si queréis, hago la tarta, de chocolate, que es lo que más le gusta a Eduardo. Y hay que pensar en alguna sorpresa, algo especial...*
Marta:	*Primero, cuando llegue, yo le vendo los ojos, luego José le pone «Stand by me» y a continuación tú, Teresa, le das unas aceitunas (le vuelven loco las aceitunas), y cuando ya esté sorprendido por el recibimiento, salimos todos, le cantamos el «Cumpleaños feliz» y, al final, Fernando saca una botella de champán, y «chinchín».*
Todos:	*Vale, genial, Eduardo se va a quedar boquiabierto...*

Respuestas:

Van a organizar una fiesta.
Van a celebrar el cumpleaños de Eduardo.

Van a hacer la fiesta el sábado por la noche.
La fiesta empezará sobre las nueve.
Van a hacer la fiesta en casa de Marta.

b) El orden de los acontecimientos es:

(Primero) Marta le va a vendar los ojos.

(Luego/después/a continuación) José le va a poner «Stand by me».

(Luego/después/a continuación) Teresa le va a dar un plato de aceitunas.

(Luego/después/a continuación) todos van a cantar «Cumpleaños feliz».

(Luego/después/a continuación) Fernando va a sacar una botella de champán.

(Para terminar/al final) todos van a brindar.

3 Antes de realizar la actividad en parejas, conviene asegurarse de que todos entiendan lo que viene en sus tarjetas. Esto se podría hacer de dos formas:

Primero con los libros cerrados, intente obtener de los alumnos sugerencias sobre lo que hay que hacer antes de dar una fiesta (por ejemplo: adornar la casa, encargar algo, etc.).

Luego se divide la clase en dos grupos, A y B. Éstos leen sus correspondientes tarjetas e intentan solucionar cualquier problema de vocabulario entre ellos.

ACTIVIDADES 4-6

OBJETIVOS COMUNICATIVOS	GRAMÁTICA
Hacer sugerencias.	*¿Por qué no* + presente de indicativo? *¿Y si* + presente de indicativo? *Podemos* + indicativo.

4 Antes de escuchar la grabación, se utiliza el dibujo para hablar sobre la personalidad de Eduardo.

¿Cómo es?

¿Os parece elegante/ordenado?

¿Le cuesta mucho levantarse por las mañanas?

¿Sabéis alguna palabra en español para describir a una persona que se olvida siempre de todo?

Los alumnos lo podrían buscar en sus diccionarios. La palabra es «despistado».

Conviene indicar a los alumnos que en esta actividad tienen que señalar todos los objetos mencionados en el diálogo.

Marta: *Podemos regalarle una agenda. Eduardo es despistadísimo y le vendrá fenomenal.*

Teresa: *No le pega nada usar agenda; yo creo que con la cabeza que tiene, no se acordará de mirarla. Oye, ¿y por qué no le regalamos un despertador? Siempre llega tarde a todos los sitios, es un tardón...*

Fernando: *Vosotras siempre pensando en cosas prácticas, y Eduardo no es así. Yo pienso que le hará más ilusión algo para él, una corbata bonita, por ejemplo. Le gusta ir elegante, el diseño...*

José: *Eduardo es muy presumido y es muy difícil elegir algo tan personal. ¿Y si le regalamos una pluma? ¿No os parece una buena idea? A Eduardo le gusta mucho escribir...*

Marta: *Bueno, hay que decidirse. Yo creo que podemos elegir algo práctico y elegante al mismo tiempo, ¿no?*

Respuestas:

Una corbata, una agenda, un despertador, una pluma.

Los alumnos podrían dar sus opiniones sobre el regalo de Eduardo.

¿Qué sugieren ellos?

a)

— *¿Y una agenda?*
• *¡Ay, no!*
— *¿Por qué no un jersey?*
• *¿Tú crees?*
— *Podemos regalarle un ajedrez.*
• *¡Genial!*
— *¿Y unas gafas?*
• *Le van a encantar.*
— *¿Por qué no unos guantes?*
• *No, eso no.*
— *Podemos regalarle una guía de España.*
• *Sí, estupendo.*
— *¿Y por qué no un juego de mesa?*
• *¡Fenomenal!*
— *¿Y un jamón?*
• *No le va a gustar nada.*

Respuestas:

	Acuerdo	No acuerdo
1.		X
2.		X
3.	X	
4.	X	
5.		X
6.	X	
7.	X	
8.		X

Se les puede pedir a los alumnos que vuelvan a escuchar y que anoten dos formas de expresar acuerdo, y dos, para expresar desacuerdo. Al comprobar las respuestas, es muy probable que se obtengan todas las posibilidades.

Para practicar la entonación, se divide la clase en dos grupos, A y B. Primero, el grupo A repite las sugerencias y el grupo B responde, luego cambian de turno.

b) **Respuestas:**

	/g/	/x/
1.		agenda
2.		jersey
3.		ajedrez
4.	gafas	
5.	guantes	
6.	guía	
7.		juego de mesa
8.		jamón

Después de realizar los ejercicios de pronunciación, se podría hacer una práctica controlada. El profesor dice el nombre de un alumno de la clase. Los demás alumnos deben sugerir rápidamente regalos para él y reaccionar ante las sugerencias de sus compañeros.

Por ejemplo:

¿Por qué no le regalamos un jersey (a Hans)?
No, eso no.
¿Y un jamón?
¡Ay, no!
Podemos regalarle un disco de Frank Sinatra.
¡Genial!

ACTIVIDAD 7

OBJETIVOS COMUNICATIVOS	GRAMÁTICA
Hablar de la secuencia de acciones futuras.	*Cuando* + presente de subjuntivo.

7 **a)** Ver diálogo en el Libro del Alumno.

Después de realizar las actividades a) y b), se pide a los alumnos que subrayen los verbos que aparecen en subjuntivo, ya que han visto algunas formas en las lecciones 2 y 3. Según su posición en la frase, los alumnos intentarán deducir la regla gramatical del uso de «cuando + presente de subjuntivo» referido a acciones futuras.

El juego del ahorcado

Después de estudiar el **Fíjate** y la franja de verbos irregulares, se podría proponer el juego del ahorcado, pero utilizando exclusi-vamente verbos en presente de subjuntivo. El profesor piensa en una forma de presente de subjuntivo de un verbo (por ejemplo, salgamos) y escribe en la pizarra tantas líneas como letras tenga.

Los alumnos sugieren letras y, si aciertan, el profesor escribe la letra en la casilla correspondiente. Si la letra indicada por el alumno no forma parte de la palabra, se comienza el dibujo del ahorcado. Para ganar hay que completar o adivinar la palabra antes de que el contrario complete el dibujo del ahorcado. Una vez entendido el juego, los alumnos podrían jugar en grupos.

ACTIVIDAD 8

OBJETIVOS COMUNICATIVOS	GRAMÁTICA
Hablar de la secuencia de acciones futuras.	*Después de* + infinitivo/sustantivo.

8 **a)** Antes de escuchar la grabación, hable con la clase de los carteles y explique el vocabulario nuevo.

Chico: *Después de comer podemos ir al circo.*

Chica: *Huy, no, a mí no me gusta nada. Mejor vamos a la exposición de cerámica, y cuando salgamos, si no es muy tarde, podemos ir a ver las marionetas.*

Chico: *Vale. Oye, y después de las ma-rionetas, ¿te apetece ir al recital de flamenco?*

Chica: *No sé, lo podemos decidir cuando termine el espectáculo. Pero después de cenar iremos al baile, ¿no?*

Chico: *Por supuesto.*

Respuestas:

Cuando terminen de comer irán a la exposición.

Después de la exposición irán a las mario-netas.

Después de las marionetas pensarán a dónde van a ir.

Cuando salgan por la noche irán al baile.

AL HABLA, A LA ESCUCHA, A LA LÍNEA, POR ESCRITO

Antes de leer

Podría introducir el tema con alguna o varias de las siguientes actividades (se podría re-servar alguna actividad para después de la lectura).

1. Pida a los alumnos que sugieran fechas u ocasiones en las se hacen regalos.

2. Pregunte a los alumnos cuál fue el úl-timo regalo que recibieron y con qué motivo.

3. Los alumnos piensan en el último regalo que hicieron a alguien y se lo dicen a la clase, que tiene que adivinar a quién se lo hicieron y con qué motivo.

4. Los alumnos explican cuál fue el regalo más divertido o interesante que han recibido.

Lectura

Se plantea esta actividad en grupos de cuatro, formados por dos parejas **A** y **B**, para que los alumnos con más dificultad tengan apoyo.

Naturalmente, si el nivel de la clase lo permite, se podría realizar en parejas, formadas por los alumnos A y B.

Después de leer

1. Podría utilizar alguna de las actividades sugeridas en el apartado «Antes de leer».

2. Se podría iniciar un debate sobre unas fechas festivas como el «Día del Padre» (el 19 de marzo en España, el día de san José) y el «Día de la Madre» (el primer domingo de mayo) o el «Día de los Enamorados» (el 14 de febrero, san Valentín). ¿Les parece importante que exista una fecha determinada para hacer un regalo a la madre, al padre o a la pareja? ¿Es una tradición o un montaje comercial?

PARA TODOS LOS GUSTOS

Páginas 66 y 67

Sugerencias:

1. Se divide la clase en cuatro grupos, **A**, **B**, **C**, **D**. Cada grupo lee el texto de una de las fiestas. Se forman nuevos grupos de cuatro alumnos, uno de cada grupo original, A, B, C, D. Éstos, por turnos, explican a los otros alumnos lo que han descubierto en sus textos.

2. Debate. Se divide la clase en dos grupos. Se preparan argumentos en favor o en contra de alguna de las siguientes afirmaciones:

   a) Las fiestas populares sirven para transmitir una cultura.

   b) Las fiestas populares no sirven para nada, excepto para gastar el dinero de los contribuyentes.

   c) Las fiestas populares sirven para acallar las quejas del pueblo.

   d) Las fiestas populares sirven para mantener unidos a los pueblos.

3. Se podría hablar de las fiestas populares que los alumnos conocen. Si se trata de una clase de alumnos de diferentes países, éstos, agrupados por nacionalidades, podrían hablar a sus compañeros de una fiesta o fecha importante en su país. También podrían enseñarles algún baile o canción típica.

MATERIAL COMPLEMENTARIO

Haga fotocopias de las fotos, divida la clase en parejas, formadas de alumnos **A** y **B**, y reparta las fotos A y B a los alumnos correspondientes. Explíqueles que deben buscar las similitudes y diferencias entre las fotos, sin enseñárselas.

A

B

El País Semanal, N.° 71, 28 de junio de 1992.

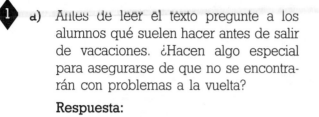 **a)** Antes de leer el texto pregunte a los alumnos qué suelen hacer antes de salir de vacaciones. ¿Hacen algo especial para asegurarse de que no se encontrarán con problemas a la vuelta?

Respuesta:

(c) No le robarán.

b)

Primero:	*No cuente su vida a gente desconocida.*
Segundo:	*No salga de vacaciones sin dejar sus señas y su teléfono a un vecino.*
Tercero:	*No esconda las llaves en un sitio secreto. Déjeselas a un amigo.*
Cuarto:	*No deje las cartas en el buzón. Pida a alguien que las recoja.*

Quinto:	*No deje abiertas las puertas ni las ventanas exteriores.*
Sexto:	*Evite dejar dinero y joyas en casa. Llévelas a un banco.*
Séptimo:	*Compre un reloj programable y dé a su vivienda un aspecto habitado.*

Respuestas:

Anuncio	Radio
1	5
2	4
3	3
4	1
5	6
6	2
7	7

LECCIÓN 6

PRESENTACIÓN, página 69

1 a) Antes de abrir el libro, escriba la palabra **siempre** en la pizarra y, bastante más abajo, la palabra **nunca**. Invite a los alumnos a salir y escribir otras expresiones de frecuencia entre estas dos palabras, colocándolas en orden de mayor a menor frecuencia.

Luego, asegúrese de que no haya problemas de vocabulario relacionados con las actividades de los dibujos de la página 69.

ACTIVIDADES 2-6

OBJETIVOS COMUNICATIVOS	GRAMÁTICA
Hablar de las actividades habituales. Hablar de la frecuencia con que se realiza una acción.	*Soler* + infinitivo. *Nunca, de vez en cuando, rara vez,* etc.

Antes de pasar a la actividad 2, hable de los vecinos de Luis.

Por ejemplo: *Luis tiene unos vecinos muy educados y muy simpáticos, aunque un poco cotillas. Les gusta enterarse de la vida de los demás. Observad los dibujos.*

Después de que hayan leído el **Fíjate**, pregunte a los alumnos por los vecinos de Luis: *¿Qué suele hacer Juana* (la señora del perro) *por la mañana? ¿Dónde suele hacer la compra?*, etc.

2 En parejas **A** y **B**. Sin mirar la información de su compañero, cada alumno tiene que averiguar lo que hace Luis todos los días, mañana y tarde.

3 a) Si hay espacio en el aula, conviene que los alumnos se pongan de pie y vayan circulando, haciendo preguntas al máximo número de compañeros.

b) Aquí tienen la oportunidad de contar las «intimidades» de sus compañeros. Podría pedirles que sólo cuenten lo más interesante/divertido, etc.

4 c) *parapente*
baloncesto
fútbol
piragüismo
submarinismo
patinaje
boxeo
vela
paracaidismo

Respuestas:

/p/	/b/
parapente piragüismo patinaje paracaidismo	baloncesto fútbol submarinismo boxeo vela

Remita a los alumnos al **Fíjate.** Anímeles a que descubran con qué deportes se utilizan los verbos «practicar», «hacer», «jugar» o «montar».

(Normalmente se dice «practicar» o «hacer» cuando no se trata de un juego contra adversarios, es decir, con deportes que no son de equipo.)

d) Entre los dibujos hay un deporte que no aparece en la grabación (*waterpolo*). Pida a los alumnos que lo busquen.

Respuestas: (de izquierda a derecha)

hacer/practicar parapente
hacer/practicar piragüismo
hacer/practicar patinaje
jugar al *waterpolo*
hacer/practicar paracaidismo
hacer/practicar submarinismo
hacer/practicar vela
jugar al fútbol
hacer/practicar boxeo
jugar al baloncesto

ACTIVIDADES 7-8

OBJETIVOS COMUNICATIVOS	GRAMÁTICA
Hablar del tiempo transcurrido a partir del inicio de una actividad. Hablar de la duración de una actividad (contar la cantidad de tiempo).	*Hace... que/Desde hace/Desde...* *Llevar* + gerundio + *desde.* *Estar* + gerundio + *desde/desde hace.*

7 **a)** El propósito de esta grabación es el de presentar las estructuras gramaticales recogidas en el cuadro. Todas ellas se utilizan para una acción que empezó en el pasado y que sigue en el presente.

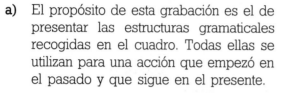

— *¿Cuándo empezaste a hacer deporte, Pepe?*

Pepe: *Empecé a jugar en el año 89, o sea, que ya llevo algunos años. No juego muy bien, pero me gusta mucho. Empecé jugando con un vecino de la urbanización, e incluso me prestaba él la raqueta porque yo no tenía.*
Ahora ya, claro, tengo mi propia raqueta y procuro jugar un rato todos los días. Suelo jugar con distintos vecinos, pero los sábados por la mañana juego un partido con mis hijos.

— *¿Y tú, Concha?*

Concha: *Fue en el 90. El médico me lo recomendó por mis problemas de espalda, y la verdad es que me viene muy bien. Desde entonces, suelo ir a la piscina los martes y jueves, o sea, dos veces por semana, y en verano, los fines de semana también. Algunas veces me acompaña mi marido, pero no me importa ir sola.*

— *¿Llevas mucho tiempo practicando, Juana?*

Juana: *Llevo practicando este deporte desde el año pasado, y la verdad es que me parece apasionante. Desde que he descubierto el fondo del mar, procuro escaparme todos los meses unos días. Suelo sumergirme siempre con alguien porque no deja de ser un deporte algo peligroso. Pienso continuar buceando siempre que pueda porque es lo que más me gusta en el mundo.*

— *¿Y tú, Javier?*

Javier: *Suelo salir todos los fines de semana desde hace dos años. Me hice socio de un club el año pasado y es muy divertido porque hacemos circuitos por la ciudad. Los sábados resistimos pedaleando 4 ó 5 horas y no me canso. Cuando entré en el club, conocí a mucha gente, y ahora tengo un montón de amigos con quienes montar en bici.*

b) Respuestas:

	Pepe	Concha	Juana	Javier
Deporte	tenis	natación	submarinismo	ciclismo
Año en que empezó	1989	1990	depende del año	en curso
Frecuencia	todos los días	martes y jueves	todos los meses	todos los fines de semana
Con quién	vecinos y sus hijos	marido o sola	con alguien	con amigos

Después de haber comprobado las respuestas, pregunte a la clase si Pepe, Concha, etc. siguen practicando sus respectivos deportes. Dibuje una línea en la pizarra, al lado del nombre de Pepe, y pregunte cuándo empezó Pepe a jugar al tenis.

42

Pepe ....

1989   →   Ahora

Luego diga y escriba:

Pepe empezó a jugar al tenis en el año 1989.
Ahora estamos en el año (1994).
Pepe lleva (5) años jugando al tenis.

Repita el mismo proceso con los demás personajes, sonsacando la última frase de los alumnos. Puede utilizar el tipo de pregunta que está recogido en el **Fíjate** de la página 77. (¿Desde cuándo?, etc.)

Remita a los alumnos al **Fíjate** de la página 76 y anímeles a hacer frases con las otras estructuras.

ACTIVIDAD 9

OBJETIVOS COMUNICATIVOS	GRAMÁTICA
Preguntar por alguien desconocido e identificarlo.	Artículo demostrativo + frase preposicional/frase de relativo/adjetivo

9 a) Cuando los alumnos identifiquen al profesor de esquí, indíqueles que «moreno» puede referirse al pelo, al bronceado o que puede ser un eufemismo para el color de la piel.

Después de observar el **Fíjate**, los alumnos podrían hacer un ejercicio rápido en cadena. El profesor escribe en la pizarra:

— estudiar español

— trabajar

— tener el pelo corto/largo

— conducir

Luego pregunte al alumno más cercano:

¿Cuánto tiempo llevas (estudiando español)?

El alumno contesta y hace una pregunta similar (utilizando las pistas de la pizarra u otro tipo de información) al siguiente alumno, que contesta y formula una pregunta a su vecino, y así sucesivamente.

b) Antes de realizar esta actividad, hable del dibujo de la página 76 con los alumnos y sonsáqueles el vocabulario relacionado con la ropa y las características físicas. **Por ejemplo:** *gafas (de sol), cinturón de judo, gorra, tutú, raqueta de tenis...*

Los alumnos practican el diálogo, pero

sustituyendo la información.

Por ejemplo:

¿Quién es aquella chica del tutú?
¿Quién?
¿La rubia, la que lleva botas...?

10 a) Pregunte a los alumnos por la identidad de los personajes de las fotos. Si no supieran quiénes son, deles pistas.

Por ejemplo: *Hay dos españoles y dos que no lo son.*
Hay dos cantantes y dos que no lo son.
Uno es jefe del Estado español, y otro es jefe del Estado de un país americano.
Una de las mujeres es española, y la otra, americana.
(Vale la pena indicar que, en español, «americano» se utiliza para todo el continente (Hispanoamérica y América del Norte).

Los personajes son: el Rey Juan Carlos, Tina Turner, Fidel Castro y Montserrat Caballé (cantante de ópera).

— ***Suele fumar puros y siempre va vestido de militar.***
Lleva muchos años gobernando su país. ¿Quién es?
• ***Es el de la barba, el que lleva uniforme militar.***
* ***Es Fidel Castro.***
— ***¡Sí!***

b) Los alumnos pueden escoger cualquier persona, no necesariamente los personajes de las fotos.

43

a) Introduzca el tema preguntándoles qué deportes asocian con distintos países.

Reino Unido: fútbol, *rugby, cricket.*
Francia: fútbol, *rugby,* ciclismo.
Estados Unidos: *baseball,* baloncesto, fútbol americano.
Argentina: fútbol.
Alemania: fútbol, etc.

Pregúnteles por los deportes preferidos por los españoles e intente llevarles al ciclismo (que se sigue con muchísimo interés). Puede hacer referencia a las grandes competiciones: el Giro de Italia, el Tour de Francia y la Vuelta Ciclista a España.

Respuestas:

Los nombres de los ciclistas son: Laurent Fignon, Miguel Induráin, Pedro Delgado.

Respuesta:

Todos son ciclistas.

b) Antes de leer el texto, los alumnos «apuestan» por la frase falsa.

Después leen rápidamente el texto, buscando la información falsa.
(«Cuando está en carrera no suele desayunar» es falsa.)

c) Comente la palabra «maillot»: es un préstamo de otro idioma. Pregúnteles qué palabra española podría sustituirla (camiseta).

	Normalmente	En carrera
Vive en casa	X	
Vive en un hotel		X
Duerme la siesta	X	
Sale con su novia	X	
Sale en bici con su hermano	X	
Sale en bici con el equipo		X
Lleva un maillot rosa o amarillo		X

d) Respuestas:

Vive en casa de sus padres cuando no está participando en una carrera.
Duerme la siesta después de comer.
Va a Pamplona con su novia cuando no está participando en una carrera.
Empieza la carrera después del desayuno.
Todos, excepto Miguel, van al hotel cuando termina la carrera.

 a) Explique a la clase que deben preparar primero un formulario. **Por ejemplo:**

¿Haces deporte?
¿Qué deporte?
¿Con qué frecuencia?

¿Desde cuándo?, etc.

Luego completan el formulario hablando en el grupo y comparan sus estadísticas con las de los otros grupos.

b) Vuelven a sus grupos, hacen una compilación de los resultados e intentan sacar conclusiones.

Por ejemplo:
En nuestra opinión, el grupo A está más en forma porque tres de ellos practican algún deporte.
En general, las chicas están más en forma porque van al gimnasio todos los días, etc.

PARA TODOS LOS GUSTOS

Páginas 80 y 81

Sugerencias:

1. Aprovechar el texto del esquí para re-

cordar a los alumnos que el esquí se practica bastante en España —es el segundo país más montañoso de Europa, con una capital muy por encima del nivel del mar. Podría mandarles hacer miniproyectos con relación a la geografía de España:

¿Cuáles son los sistemas montañosos más importantes?
¿Dónde se puede ir a esquiar?
¿Dónde hay importantes estaciones de esquí?, etc.

2. Se puede suscitar un debate sobre este deporte: sus modalidades, los mejores equipos, si se trata de un deporte elitista o no, etc.

3. Se puede sugerir que redacten en grupos descripciones humorísticas de deportes inspirándose en los textos de los niños. Luego cada grupo lee su descripción a la clase, que debe adivinar el deporte.

4. Otra posibilidad de juego en grupo es proponerles el procedimiento surrealista de escribir una frase, doblar el papel y pasárselo a un compañero, que añadirá otra frase, y así sucesivamente. Cada alumno piensa en un deporte y escribe una frase describiéndolo. Al leer la descripción completa del grupo se llegará probablemente a un deporte absurdo/humorístico. Después de leer cada grupo su descripción a la clase, pídales que decidan un nombre para cada deporte.

Página 80

1. **Respuestas:**

   a) Pista.

   b) Cuidarse mucho, ser muy estricto, respetar unas reglas de comidas, descanso, entrenamiento.

   c) En España siempre me descuido un poquito más.

   En general, las estaciones españolas son buenas.

2. **Respuestas:**

   Los deportes son: la pesca, la gimnasia rítmica, el *baseball,* el tenis, el *rugby* y el baloncesto.

MATERIAL COMPLEMENTARIO

Haga fotocopias de las tarjetas y de la sopa de letras de la página 46. Reparta las tarjetas a la clase, que debe trabajar en parejas. Cada alumno debe adivinar los objetos que aparecen en la tarjeta de su compañero, bien haciéndole preguntas, bien pidiéndole que describa los mismos.

Después reparta la sopa de letras y pida a los alumnos que busquen los ocho objetos.

ALUMNO A

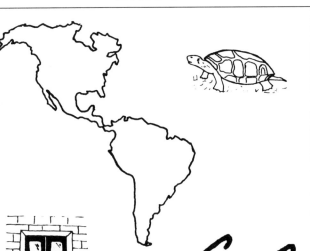

ALUMNO B

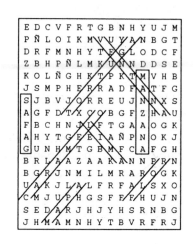

Sopas y Letras, Confetti, N.° 61.

LECCIÓN 7

PRESENTACIÓN, página 82

1 Utilice las situaciones para explicar el vocabulario nuevo.

Pregunte a la clase si ve algo extraño en el número 5 («pegaooo»). ¿Qué letras faltan o sobran? Indíqueles que muchas veces en el español hablado no se pronuncia la «d» en el participio pasado de la primera conjugación y en algunas palabras con la misma terminación: lado «lao».

ACTIVIDADES 2-3

OBJETIVOS COMUNICATIVOS	GRAMÁTICA
Contar sucesos del pasado inmediato. Reaccionar al relato de un suceso.	Pretérito perfecto ¡Qué + sustantivo/adjetivo/adverbio! ¡Vaya + sustantivo! ¡Menudo/a + sustantivo! Verbos **perder** y **dejar**.

2 **a)** Indique a los alumnos que entre las situaciones hay dos que no aparecen en la **grabación**. ¿Saben cuáles son?

1. Ruido de un accidente de tráfico.

2. Un despertador sonando.

3. Voces de niños jugando, un cachete y llanto.

4. Ruido de pasos misteriosos en la calle.
   —*¿Eh? ¡Al ladrón! ¡Mi cartera!*

5. Alguien silbando; luego dice:
   —*Ya está todo, a la oficina.*
   Golpe de puerta que se cierra.
   —*¡Oh, no, las llaves!*

6. Alguien que grita:
   —*Oye, Pepe. ¡Cuánto tiempo sin verte!*

7. Ruido de un objeto metálico que se cae.

8. Ruido de rebuscar papeles y cosas. Alguien dice:
   ¿Dónde he dejado el bolso?

Respuestas:

El jefe le ha echado la bronca y *Se ha perdido la película* no aparecen en la grabación.
Se ha dejado las llaves dentro de casa (número 5 de la grabación).
Le han robado la cartera (4).
Ha perdido el bolso (8).
Le han pegado (3).
Se ha quedado dormido (2).
Ha tenido un accidente (1).

Después de comprobar las respuestas, vuelva a poner la grabación y pregunte a los alumnos qué ha pasado en los números 6 y 7. (Se ha encontrado con un amigo y se ha caído algo.)

b) Ver texto en el Libro del Alumno.

Podría entablar minidiálogos con los alumnos para mostrar el uso de las exclamaciones.

Por ejemplo:

(Usted) *¿Qué te ha pasado?*
(Alumno) *(Me han robado la cartera.)*
(Usted) *¡Vaya faena!*

Después de haber dado algunos ejemplos de este tipo, diga frases para que reaccionen los alumnos.

Por ejemplo:

(Usted) *Me he perdido la película.*
(Alumno) *¡Qué pena!*, etc.

c)

1. — *Creo que hoy me he levantado con el pie izquierdo.*
   • *¿Qué te ha pasado?*
   — *De entrada, me he quedado dormido esta mañana, luego me han puesto una multa en el aparcamiento y encima, a la hora de comer me ha llamado el jefe a casa para echarme la bronca.*
   • *Desde luego, chico, ¡vaya día!*

47

2. — ¿Qué ha pasado?
- • Que me ha pegado.
- — Mentira, yo no le he pegado.
- • Sí, me ha quitado el balón y lo ha tirado lejos.
- — ¡Pero qué niños! ¿Es que vais a pelearos siempre que jugáis?

3. — No me hables, que hoy tengo la negra.
- • ¿Qué te ha ocurrido?
- — Pues que me he dejado unos papeles en casa, luego he perdido el autobús y ahora mismo, en el ascensor, me han robado la cartera con toda la documentación y bastante dinero. Estoy de un humor...
- • No me extraña, ¡qué rabia!

d)

1. *Me han robado el coche.*
- • *¡No me digas!*
2. *He tenido un accidente.*
- • *¡No me digas!*

3. *He perdido el pasaporte.*
- • *¡Vaya faena!*
4. *Me he dejado la cartera en casa.*
- • *¡Qué día!*
5. *Me he perdido la película.*
- • *¡Qué rabia!*

3 Respuestas:

El niño se ha perdido.
El turista ha perdido el pasaporte.
Un hombre ha perdido el autobús.
Una señora se ha dejado el bolso en el banco.
El señor se ha dejado las llaves en casa.
El hombre que sale de la tienda ha perdido la cartera.
El niño del cine se ha perdido la película.

ACTIVIDADES 4-5

OBJETIVOS COMUNICATIVOS	GRAMÁTICA
Narrar sucesos del pasado. Ordenar un relato.	Pretérito indefinido Operadores del relato: *resulta que, luego, además, total que*, etc.

Estas actividades sirven para contrastar el uso del pretérito indefinido para narrar sucesos del pasado con el uso del pretérito perfecto para hablar de acontecimientos recientes.

4 b) Antes de realizar el ejercicio, indique a los alumnos que hay una cosa en la lista que no ocurrió. ¿Saben cuál es? (No llegó tarde a la cita con Pili.) Después pídales que ordenen las frases restantes.

Respuestas:

1. Perdió el autobús para ir a la oficina.
2. Llegó tarde a la oficina.
3. Olvidó la carpeta del jefe.
4. Se estropeó el ordenador.
5. El jefe se enfadó con él.

6. Pili pagó la cuenta del restaurante.
7. Volvió a casa pronto.

c) En esta actividad se trata de que los alumnos vuelvan a contar la historia de esta forma:

Para empezar, perdió el autobús y llegó tarde a la oficina. Encima, se dejó una carpeta de su jefe en casa...

5 Basándose en las situaciones sugeridas en los dibujos, los alumnos en parejas cuentan lo que les sucedió.

Perdí el bolso el año pasado. Me lo dejé en un bar de Torremolinos.

El alumno puede decidir la personalidad de los personajes del tercer cuadro. No obstante, se puede sugerir la siguiente identidad: jefe, profesor, vecino, amigo.

ACTIVIDADES 6-7

OBJETIVOS COMUNICATIVOS	GRAMÁTICA
Dejar recados para otra persona. Transmitir información, peticiones y sugerencias.	*Decir que* (imperativo) + presente de subjuntivo. *Decir que* (imperativo) + presente de indicativo/ pretérito perfecto/futuro imperfecto. *Decir que* (pretérito perfecto) + presente de indicativo/pretérito perfecto/pretérito indefinido/futuro imperfecto.

6 a)

1. — *¿Diga?*
   • *Hola, buenas tardes. ¿Está Nieves, por favor?*
   — *No, no está en estos momentos. ¿Quién la llama?*
   • *Soy Yolanda.*
   — *Hola, Yolanda, ¿qué tal? Pues es que ha salido y no sé cuándo volverá.*
   • *¿Puedes darle un recado?*
   — *Sí, dime.*
   • *Dile que he sacado las entradas para el teatro y que me llame esta noche, por favor.*
   — *Vale. Se lo diré.*
   • *Gracias, hasta luego.*
   — *De nada, adiós.*

2. — *Banco Interior, buenos días, ¿dígame?*
   • *¿El señor Yeves, por favor?*
   — *Un momento... Oiga, no está en estos momentos.*
   • *Vaya, puede decirle por favor que le ha llamado el señor Llorente y que le llamaré más tarde.*
   — *Muy bien, señor Llorente.*
   • *Gracias, adiós.*

3. — *¿Sí?*
   • *¿Está Consuelo?*
   — *No, no está, ha salido.*
   • *Vaya, pues tenía que hablar con ella. Es bastante urgente.*
   — *¿Quieres que le deje una nota?*
   • *Sí, por favor, que ha llamado Yayo, que me llame sin falta al 46 47 80.*
   — *Yayo, 46 47 80. Pues le dejo ahora mismo una nota.*
   • *Vale, gracias, hasta luego.*
   — *Adiós.*

4. — *¿Diga?*
   • *¿La señora Yuste, por favor?*
   — *¿De parte de quién?*
   • *Soy la señora de Yllera.*
   — *Pues en este momento no se puede poner. ¿Quiere dejar algún mensaje?*
   • *No, muchas gracias, ya volveré a llamar.*
   — *De acuerdo.*
   • *Adiós.*
   — *Adiós.*

Respuestas:

Nombre	Sí	No
1. Yolanda	X	
2. Sr. Llorente	X	
3. Yayo	X	
4. Sra. de Yllera		X

b) Respuestas:

/ḷ/ = Llorente
/y/ = Yolanda, Yayo
/i/ = Yllera

Pida a los alumnos que reflexionen sobre la pronunciación de los nombres y establezcan la relación entre el sonido y la letra. La **y** tiene una realización vocálica y otra consonántica. Pida a los alumnos en parejas que piensen en otras palabras que contengan esta letra y las clasifiquen según su pronunciación (por ejemplo: soy, voy, y, ya, haya, etc.). Es importante señalar también la proximidad de la pronunciación de la realización consonántica de **y** (/y/) y del sonido **ll** (ḷ).

d) Pida a los alumnos que escriban las no-

49

tas con los mensajes respectivos para Nieves, el señor Yeves y Consuelo.

Conviene que pare la grabación después de cada mensaje para que los alumnos tengan tiempo de escribir las respuestas.

Los mensajes son:

1. Nieves, te ha llamado Yolanda; ha dicho que ha sacado las entradas para el teatro y que la llames esta noche.

2. Le ha llamado el señor Llorente. Ha dicho que le llamará más tarde.

3. Consuelo, te ha llamado Yayo, que le llames sin falta al 46 47 80.

4. No hay mensaje.

7 a) Después de leer el diálogo, asegúrese de que entienden el vocabulario nuevo. Los alumnos practican el diálogo en parejas.

b) Vuelven a practicar el diálogo utilizando las notas de Irene. Se podrían dividir las notas (por ejemplo, hasta las 14.00) para que cambien de turno en el papel de Irene y no repitan exactamente lo mismo.

Modelo de diálogo sugerido:

— *Buenas tardes, Irene. ¿Me ha llamado alguien?*

• *Buenas tardes, señor Llorente. Pues sí, le ha llamado el señor Martínez. Ha dicho que le espera a las cinco.*

— *Bien, bien. (Pues ahora le llamo.)*

• *Y ha llamado Juan Castellano. Ha dicho que sacará las entradas para el teatro.*

— *Estupendo. ¿Alguien más?*

• *Sí, el taller. Que han arreglado el coche.*

— *¡Ah, sí! Les voy a llamar.*

AL HABLA, A LA ESCUCHA, A LA LÍNEA, POR ESCRITO

8 a) El aparato es un contestador automático. Sirve para dejar mensajes/recados.

b) «Público» aquí se refiere a empresas, etc. que prestan un servicio público.

1. *Habla con la empresa Antonic. Nuestras horas de oficina son de 8 a 3.*

2. *Hola, soy Mónica. Lo siento pero no puedo hablar contigo en este momento. Si quieres dejarme algún mensaje, puedes hacerlo cuando oigas la señal. Gracias.*

3. *Repsol Gas. En estos momentos no podemos atender su llamada. Los teléfonos de nuestras oficinas entran en servicio a partir de las 9 de la mañana. Puede usted volver a llamar o dejar su nombre y dirección y el servicio que solicita. Hable después de oír la señal. Gracias.*

4. *Éste es el contestador automático de Teo Llanos y Alicia Yagüe. No nos encontramos en casa. Si quiere dejar un mensaje, hable después de la señal. Si nos deja su número de teléfono, le llamaremos en cuanto nos sea posible. Gracias.*

5. *Si llamas a Telefónica y quieres hablar con Mari Carmen, te has equivocado de número. Pero si llamas a la casa de Antonio y Ana, puedes dejar tu mensaje. Te llamaremos más tarde.*

b) y c) Respuestas:

	Público	Particular	Nombre
1.	X		Antonic
2.		X	Mónica
3.	X		Repsol Gas
4.		X	Teo Llanos y Alicia Yagüe
5.		X	Antonio y Ana

d) En el primero, el de la empresa Antonic.

e) El número 1 dice que sus horas de oficina son de 8 a 3.
El número 2 dice que no puede hablar en estos momentos.
El número 3 dice que puede volver a llamar o dejar un mensaje.
El número 4 dice que Teo Llanos y Alicia Yagüe no están en casa.
El número 5 dice que no es el teléfono de Mari Carmen, que trabaja en Telefónica.

9 a)

1. *Mónica, soy Soledad, que no puedo ir contigo al cine esta noche. Llámame luego y quedamos para otro día. Ah, además me ha llamado papá y dice que vayamos el domingo a comer. Bueno, luego hablamos. Besos.*

2. *Julia, hija, soy Claudia. No estás nunca. No sé dónde te metes y odio tu contestador. Que mira, que si te apetece venir el fin de semana al campo con Juan y conmigo. Yo tengo turno de noche, así que llama tú luego a Juan. A ver si te animas. Besitos.*

3. *Buenos días, soy Marina Silva, mi teléfono es el 27 17 47, dirección: calle López Gómez 28, 6.° C. Llamo para ver si puede venir un técnico a revisar la instalación del gas. Gracias.*

4. *Buenas tardes, yo llamaba para hablar con el señor Llanos. Soy Elena Benito, de la editorial Fortuna. Debo consultarle algunas cuestiones con respecto al último capítulo del libro que nos ha enviado. Llámeme cuando pueda al 570 29 62.*

5. *Buenos días, aquí el señor Yagüe, de Distribuidora Intermond. Llamen por favor al 257 12 37 para concertar el envío solicitado por su empresa. Gracias.*

Respuestas:

a) Llaman Soledad, Claudia, Marina Silva, Elena Benito y el señor Yagüe.

b) Hay una invitación en los mensajes 1 y 2. Marina Silva pide ayuda en el mensaje número 3.
Elena Benito quiere hacer una consulta en el mensaje número 4.
El señor Yagüe quiere concertar una entrevista en el mensaje número 5.

10 Posible solución (*):

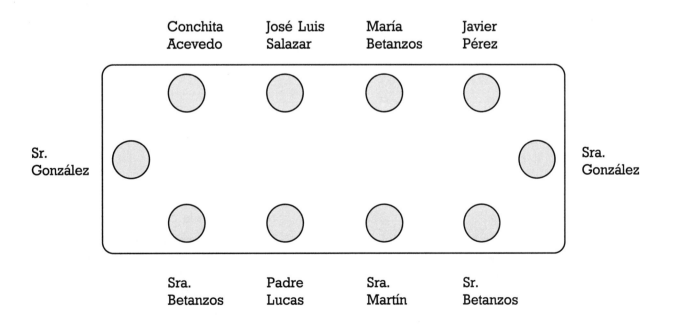

(*) Actividad basada en una idea de Ur, P.: *Discussions That Work.*

Página 92

Sugerencias:

a) Los alumnos leen las dos cartas rápidamente y piensan en una palabra para describir cada una (positiva/negativa).

b) Se divide la clase en dos grupos, A y B. El grupo A lee la primera carta, y el grupo B, la segunda. Después se forman nuevos grupos con dos alumnos del A y dos alumnos del B. Se cuentan lo que han leído.

Respuestas:

1. La carta tiene que ir firmada y debe incluir la dirección, el teléfono y el número del carnet de identidad (DNI = documento nacional de identidad) o del pasaporte.

2. El viaje del centro de Madrid al aeropuerto de Barajas le costó 1.900 pesetas en un taxi viejo, sucio y sin aire acondicionado. Una lata de refresco le costó 195 pesetas en el aeropuerto. Se queja de los precios en España.

3. Palabras y expresiones positivas:

(Las azafatas fueron) muy atentas y amables.
Nos gustó muchísimo por su comodidad y limpieza.
Grata sorpresa.
Tan contentos.
Expresar mi satisfacción.
Hospitalario y acogedor.
Felicitarse.

Ha vuelto tan contento por los buenos servicios ofrecidos por el hotel.

Página 93

Respuestas:

1. La carta tiene que ir firmada y debe incluir el nombre y los apellidos, la dirección y el teléfono.

2. Posibles **respuestas**:

trabajo: mensajes 2, 11;
amor: 7, 8, 10, 13;
enseñanza: 12, 14;
ventas e intercambios: 1, 3, 5, 6, 15;
otros: 4, 9.

MATERIAL COMPLEMENTARIO

Reparta primero fotocopias del anuncio «Cómo perder un cliente en 10 segundos» (página 53).

Hable con la clase del significado del anuncio: *¿Qué significan los números? ¿Qué mensaje dan los números del 1 al 10?*

Antes de repartir fotocopias de «Cómo ganar un cliente en 10 segundos», escriba el título en la pizarra y pida a los alumnos que sugieran por escrito 10 ideas (una por cada segundo del anuncio). Conviene que lo hagan en grupos o parejas. Después leen sus respuestas a la clase.

Deles las fotocopias de esta segunda parte. Deben comparar sus respuestas con el anuncio y luego pensar en cómo habría sido la conversación completa.

Para terminar, pregúnteles qué servicio se anuncia según su opinión y reparta fotocopias del texto del anuncio.

Cómo perder un cliente en 10 segundos.

1.- *Ring.*
2.- *Ring.*
3.- *Ring.*
4.- *Ring.*
5.- *Ring.*
6.- *Ring.*
7.- *Ring.*
8.- *Ring.*
9.- *Ring.*
10.- *Click!*

Ruiz Nicoli

Cómo ganar un cliente en 10 segundos.

1.- *Bip-bip.*
2.- *Buenos días.*
3.- *Se dedican ustedes a...*
4.- *Por supuesto.*
5.- *¿Y sería muy complicado?*
6.- *En principio, no.*
7.- *¿Y caro?*
8.- *Le hacemos un presupuesto.*
9.- *Por favor.*
10.- *Ahora mismo se lo mando.*

En 10 segundos puede perder un cliente. O ganarlo. Depende de su capacidad de respuesta. Por eso, presentamos MoviLine, el Servicio de Telefonía Móvil. La forma más rentable de estar siempre en contacto. Con independencia. MoviLine cubre el 90% de la población española y las vías de comunicación más importantes. Con libertad. Porque comunicará con cualquier punto del mundo, siempre que usted se encuentre en el área de cobertura. Y con la calidad de servicio que permite la tecnología más avanzada. En tan sólo 24 h. puede contratar línea, y disfrutar de ella por menos de lo que se imagina. Si quiere que sus clientes sepan cómo comunicarse con usted, llame al **900 100 908** y le pondremos en contacto con su distribuidor MoviLine más cercano.

MoviLine
El Servicio de Telefonía Móvil.

TS1
Telefónica Servicios Móviles

El País Semanal, N.° 123, 27 de junio de 1993.

LECCIÓN 8

PRESENTACIÓN, página 95

1 Antes de realizar la actividad, sonsaque de la clase información sobre las fotos:

¿Qué/Quién es?, etc.

Las fotos son de:
Elvis Presley: años cincuenta.

El muro de Berlín: años sesenta.
El sello es de Franco: años cincuenta-sesenta.
La portada del disco «Sergeant Pepper», de los Beatles: 1968.
Una *punkie*: años ochenta.
El primer hombre (Neil Armstrong) en la Luna: año 1969.

ACTIVIDADES 2-5

OBJETIVOS COMUNICATIVOS	GRAMÁTICA
Describir características y actividades en el pasado. Hablar de actividades habituales en el pasado.	Pretérito imperfecto Marcadores temporales con pretérito imperfecto: *antes, entonces, en aquella época...*

Antes de empezar la actividad 2), remita a los alumnos al **Fíjate**.

Pregúnteles:

¿Cómo se forma el pretérito imperfecto de los verbos regulares?
¿Cuándo/Para qué se utiliza este tiempo?

Si se trata de una clase monolingüe:

¿Qué decimos en nuestro idioma?

2 a) Los alumnos leen las frases y deciden si la información es verdadera o falsa. Luego comprobarán sus respuestas con la grabación.

b)

A. *En 1950, Franco era el jefe del Estado español.*
B. *La minifalda estaba de moda en los años sesenta.*
C. *Los americanos bailaban rock en los años cuarenta.*
D. *En los años sesenta, John Kennedy era presidente de EE.UU.*
E. *Franco era jefe del Estado español en los años sesenta.*
F. *Muchos hippies vivían en San Francisco en los años cincuenta.*
G. *Casi nadie tenía televisión a principios de los años cincuenta.*
H. *En los años cuarenta, los turistas extranjeros no visitaban España.*

I. *En 1950, Marilyn Monroe era una actriz muy famosa.*
J. *En la década de los años sesenta, todo el mundo escuchaba a los Beatles.*

4 a) *vivías, dormíais, comíais, salíais, salías, vivíais, dormías, comías, oías, oíais.*

Respuestas:

Tú	Usted
vivías	dormíais
salías	comíais
dormías	salíais
comías	vivíais
oías	oíais

c) Indique a los alumnos que hay que clasificar las palabras según tengan 3 ó 4 sílabas. Posiblemente sea más fácil que primero las clasifiquen por la terminación, para después agruparlas según el número de sílabas.

salía	salías
buscabais	cogías
traías	odiabais
elegíais	cogíais
luchabais	hacíais
llovía	traíais
encendíais	amabais
hacías	

Respuestas:

ía	íai	ai
salía	traíais	buscabais
llovía	encendíais	amabais
cogías	elegíais	odiabais
traías	cogíais	luchabais
hacías	salíais	
	hacíais	

Por el número de sílabas:

3 sílabas: salía, llovía, cogías, traías, hacías, traíais, cogíais, salíais, hacíais, amabais, luchabais, buscabais, odiabais.

4 sílabas: encendíais, elegíais.

d) Llame la atención de los alumnos sobre las terminaciones y el valor del acento gráfico, que impide la realización del diptongo y del triptongo. Hágales reflexionar sobre la importancia de **acentuar correctamente las palabras**.

Las sílabas fuertes (donde no hay tilde) son:

ama**ma**bais
o**dia**bais
lu**cha**bais
bus**ca**bais

Éstas no llevan tilde porque son palabras llanas terminadas en **-s**.

5 Introduzca el tema hablando de usted y su vida, o invente la vida (exagerada) de su marido/mujer/novio, etc.

Por ejemplo:

¿Sabéis que tengo un nuevo novio? Es maravilloso y además nunca miente. Su familia es muy rica. Ahora vive en un piso normal porque no le gusta presumir de rico. Sin embargo, de pequeño, mi novio vivía en un castillo en España. A los cinco años ya sabía montar a caballo y hablaba siete idiomas. En aquella época se viajaba menos, pero mi novio pasaba todas sus vacaciones viajando a Londres, París, Nueva York, Roma. Estudiaba en los colegios más prestigiosos de Europa. Se casó con su primera mujer a los veinticinco años, pero no era feliz.
Hombre, la verdad es que sólo es feliz desde hace tres semanas, cuando me conoció a mí...

Anime a los alumnos a hacerle preguntas para descubrir más información sobre la supuesta vida de su novio/a. Al contestarles, intente incluir marcadores temporales.

En parejas, los alumnos hablan de su vida pasada.

ACTIVIDAD 6

OBJETIVOS COMUNICATIVOS	GRAMÁTICA
Hablar de una actividad general, sin precisar la identidad del sujeto.	*Se* (la gente, todo el mundo, la mayoría) + verbo en tercera persona del singular.

6 a) Respuestas:

1 = G, 2 = H, 3 = E, 4 = D, 5 = C, 6 = A, 7 = F, 8 = B.

c) Esta actividad se puede plantear como un concurso de historia, bien centrado en una época determinada o en distintas épocas. En cualquier caso, indique a los alumnos que no deberían hacer preguntas cuyas respuestas no sepan. Si quiere, puede sugerirles que cada alumno prepare un mínimo de tres preguntas en casa para que los grupos estén listos para el concurso en la siguiente clase. (Este método lleva menos tiempo.)

ACTIVIDADES 7-8

OBJETIVOS COMUNICATIVOS	GRAMÁTICA
Hablar de actividades habituales en el pasado.	Pretérito imperfecto de **soler** + infinitivo. Pretérito imperfecto

7 **a)** Ver diálogo en el Libro del Alumno.

Antes de leer el diálogo, remita a los alumnos al dibujo.

Anímeles a que sugieran las respuestas de doña Rosa.

Después de haber leído y escuchado el diálogo, formule algunas preguntas:

Por ejemplo:

¿Cómo es doña Rosa? (charlatana, amable)
¿Y cómo era su marido? (charlatán, trabajador)
¿Qué hacían por la noche?
¿Y los sábados?
¿Y los domingos?

Pida a la clase que busque en el diálogo el verbo «soler» y que sugiera maneras alternativas de decir lo mismo sin utilizar este verbo.

Por ejemplo:
Mi marido solía trabajar los sábados.
(Normalmente) mi marido trabajaba los sábados.

8 **a)** Si dispone de suficiente espacio, es preferible que los alumnos se levanten y vayan circulando para poder hacer el máximo número de preguntas a distintos compañeros.

ACTIVIDADES 9-10

OBJETIVOS COMUNICATIVOS	GRAMÁTICA
Hablar de la continuidad de actividades o características. Hablar de la interrupción o cambio de actividades o características.	*Todavía* + presente de indicativo. *Seguir/Continuar* + gerundio. *Ya no* + presente de indicativo.

9 Para introducir el tema puede utilizar los elementos de la actividad **8a).**

Por ejemplo:

— *Hans, solías ir a la playa en vacaciones. ¿Y ahora? ¿No vas a la playa?*
• *Sí.*
— *Entonces, ¿sigues yendo a la playa en vacaciones?*
• *Sí.*
— *Hans, solías ir a la playa en vacaciones. ¿Y ahora? ¿No vas a la playa?*
• *No.*
— *Entonces, ¿ya no vas a la playa?*
• *No.*

10 Las fotos son de Paul McCartney, Brigitte Bardot y Nelson Mandela.

Paul Mc Cartney: antiguo miembro de los Beatles, cantante y compositor. Sigue cantando, solo y con su grupo Wings, y componiendo música.

Brigitte Bardot: antes actriz de cine y *sex-symbol.* Ya no trabaja como actriz. Se dedica a proteger a los animales.

Nelson Mandela: Se ha dedicado siempre a la lucha contra el *apartheid.* Sigue dedicándose a la política. Pasó muchos años en la cárcel pero ya está en libertad.

AL HABLA, A LA ESCUCHA, A LA LÍNEA, POR ESCRITO

11 **b)** Pida a la clase que decida si las respuestas son verdaderas o falsas. Explíqueles que tienen que responder a todas y que pueden adivinar las respuestas que no saben. Comprueban sus respuestas con la clase, pero **no** les diga si han acertado o no.

c) Los alumnos leen estas opiniones y comprueban sus respuestas al ejercicio anterior.

Respuestas a la actividad 11b):

Interpretaba muy bien el papel de rubia tonta.	V
No era feliz.	V
No gustaba a los hombres.	F
Sabía mentir.	F
Era muy mala actriz.	F
Cantaba muy bien.	V
Tenía muchos amigos.	V
Nunca se sentía sola.	F

12

a) Al igual que en la actividad **11b)**, los alumnos adivinan las respuestas que no saben, para luego comprobarlas con la grabación.

b) *¿Que cómo era España hace treinta años? Pues muy diferente, desde luego. Yo estudiaba en la universidad y allí la situación política nos preocupaba mucho. Continuaba la dictadura de Franco y nosotros queríamos cambiar el sistema; hacíamos muchas manifestaciones y siempre terminábamos corriendo delante de los grises, como se llamaba a la policía entonces, por el color del uniforme. Lo que pasaba también es que la economía iba un poco mejor, y entonces algunos viajaban al extranjero y podían ver películas y comprar los libros que en España estaban prohibidos por la censura. Además, en esos años empezaban a llegar los primeros turistas y por ellos teníamos un poco más de información. Todo era nacional, estábamos hartos, la música, los coches..., hasta la cerveza era nacional. Queríamos conseguir la libertad para conocer el mundo.*

Respuestas a la actividad 12b):

El turismo empezaba a ser importante en España.	V
En el mercado había productos de todos los países.	F
Había muchas manifestaciones de estudiantes.	V
La censura prohibía libros y películas.	V
Franco ya no gobernaba en España.	F
Los estudiantes se interesaban por la política.	V

Se puede sugerir un debate entre los alumnos sobre la situación en sus países hace veinte años.

Remita a los alumnos al título de la lección y escriba en la pizarra el proverbio «Cualquier tiempo pasado fue mejor». Pídales su opinión y pregúnteles si existe alguna expresión parecida en su lengua materna.

PARA TODOS LOS GUSTOS

Páginas 104 y 105

Sugerencia:

Diga a los alumnos que tienen cinco minutos para leer lo que quieran de estas páginas. Después de este tiempo, pregúnteles qué han leído, por qué y qué han aprendido.

Luego remítales al texto central.

Respuestas: (que coinciden con el texto principal)

1. El mundo dejó atrás los años de guerra para entrar en una nueva era.

2. Los tocadiscos, aspiradores, televisores, abrelatas eléctricos, chicles, vaqueros, aparatos eléctricos.

3. Iberia.

4. Un país de naranjos, burros y palmeros.

Después de leer

Hablad de:

a) Gustos de ayer y hoy.
b) La España/Europa de ayer y hoy.
c) Los cambios.

Se podría realizar un miniproyecto. En grupos, los alumnos preparan un cartel «histórico», parecido a estas páginas. Redactan un texto central sobre algún momento del pasado e incluyen dibujos o fotos con breves explicaciones debajo de ellos.

Traducción comunicativa

Esta actividad va dirigida a clases monolingües. Se divide la clase en dos grupos, **A** y **B**, y se reparten fotocopias de los textos A y B a los grupos correspondientes. Los dos grupos se vuelven a dividir en parejas. Sin la ayuda de diccionarios, los alumnos deben traducir el texto a su idioma. El profesor puede ayudar con definiciones, explicaciones, etc., pero no debe traducir directamente. Una vez terminada esta fase, las parejas **A** intercambian sus traducciones con las parejas **B**. Vuelven a traducir al español los textos que han recibido.

Cuando terminen, se les da el texto original, que deben comparar con su versión. Luego, las parejas **A** y **B** se reúnen y deciden en qué fase del proceso se produjeron errores y por qué ocurrieron. (Evidentemente, las diferencias léxicas no son importantes; lo que deben buscar son errores de interpretación o gramaticales que impidan entender el texto.)

TEXTO A

Otoño no es sólo la estación de las hojas caídas. Con las hojas van cayendo las ilusiones, los sueños y las esperanzas de poder cambiar algo en una misma o en los demás. Entonces te das cuenta de que todo sigue igual: la misma asistenta, la misma vajilla, los mismos sillones en los mismos sitios, las mismas voces y los mismos olores en el patio, el mismo hombre en la misma cama, la misma melancolía opresiva y la misma nostalgia de algo que no se ha conocido nunca, pero se presiente que existe.

TEXTO B

Antonio, en cambio, está eufórico y lleno de vitalidad. Se levanta temprano, se ducha, se lava los dientes, se viste y se va. Se marcha tan deprisa que se deja la cartera, las llaves y la agenda. Pero para eso estoy yo durante horas por la mañana desayunando, leyendo los periódicos y redesayunando, para que él pueda llamar por teléfono y pedirme que le acerque a su oficina la cartera, su agenda y las llaves.

Carmen Rico Godoy, *Cómo ser mujer y no morir en el intento,* editorial Papagayo. (Textos adaptados.)

LECCIÓN 9

PRESENTACIÓN, página 107

1 **a)** Introduzca el tema haciendo una lluvia de ideas de famosos hispanoamericanos. Divida la clase en grupos y mándeles hacer una lista de personajes famosos hispanoamericanos de la actualidad y del pasado, por ejemplo: Fidel Castro, Carlos Menem.

Después pídales sus sugerencias, escriba los nombres en la pizarra y pida más información a la clase.

Por ejemplo:

¿De dónde es?

¿Por qué es famoso/a?

Respuestas:

El primer texto corresponde a la tercera foto: Eva Perón.
El segundo corresponde a la segunda foto: Gabriel García Márquez.
El tercero se refiere a la cuarta foto: Celia Cruz.
El cuarto texto se refiere a la primera foto: Violeta Chamorro.

b) Eva Perón era una actriz y política argentina.

Gabriel García Márquez es un escritor colombiano.

Celia Cruz es una cantante cubana.

Violeta Chamorro es una política nicaragüense y presidenta de Nicaragua.

c) Eva Perón: actriz y luego política.

Gabriel García Márquez: periodista y luego escritor.

d) Eva Perón se casó con Juan Domingo Perón, que se convirtió en presidente de Argentina. Cuando murió, el régimen peronista entró en crisis.

Gabriel García Márquez recibió el Premio Nobel de Literatura en 1982.

Celia Cruz es considerada la reina afrocubana de la salsa.

Violeta Chamarro salió elegida presidenta de Nicaragua en las primeras elecciones democráticas celebradas bajo el régimen sandinista.

e) Violeta Chamorro dejó el Frente Sandinista en 1980.

Eva Perón dejó de trabajar como actriz cuando se casó.

Gabriel García Márquez comenzó a escribir cuando dejó de estudiar derecho.

Eva Perón trabajó con su marido Juan Domingo Perón cuando éste accedió a la presidencia de gobierno.

ACTIVIDADES 2-5

OBJETIVOS COMUNICATIVOS	GRAMÁTICA
Contar la vida de una persona.	*Cuando* + pretérito indenifido.
Hablar de la interrupción de una actividad.	*Dejar de* + infinitivo.
Hablar del inicio de una actividad.	*Empezar/Comenzar a* + infinitivo.

2 Primero, los alumnos ordenan los bocadillos. Luego cuentan la vida de Graciela Puleo, utilizando el pretérito indefinido, «empezar/comenzar a/dejar de», enlazando las frases con «cuando».

4 **a)** Dibuje un triángulo que representa a Suramérica (incluyendo a Centroamérica). Escriba los gentilicios en la pizarra y pida a los alumnos que señalen el país

correspondiente en el mapa. Después remítales al Libro del Alumno.

 b)

argentino	*brasileño*
chileno	*panameño*
boliviano	*salvadoreño*
mexicano	*hondureño*
colombiano	*costarricense*
dominicano	*nicaragüense*
peruano	*guatemalteco*
venezolano	*uruguayo*
cubano	*paraguayo*

c) Argentina, Brasil, Guatemala, Panamá, Paraguay, Chile, Uruguay, Perú, México, Colombia, Cuba, Ecuador, Bolivia, Santo Domingo, El Salvador, Nicaragua, Honduras, Costa Rica, Venezuela.

d) Respuestas:

Argentina	Cuba
Brasil	Ecuador
Guatemala	Bolivia
Panamá	Santo Domingo
Paraguay	El Salvador
Chile	Nicaragua
Uruguay	Honduras
Perú	Costa Rica
México/Méjico	Venezuela
Colombia	

5 a) Introduzca el tema hablando de los premios Nobel. *¿Qué actividades se premian? ¿Se acuerdan de alguien que haya recibido un premio Nobel? ¿De dónde era? ¿Qué opinan de este tipo de premios?*

¿Conocen alguna persona de Hispanoamérica que haya recibido un premio Nobel?

Hoy les quería hablar de numerosos compatriotas nuestros, intelectuales, pensadores e investigadores que han obtenido un prestigio y reconocimiento mundial de su trabajo gracias a la concesión del premio Nobel.

Ya saben ustedes que recientemente la guatemalteca Rigoberta Menchú recibió el Premio Nobel por su trabajo en favor de la paz y de los derechos de los indígenas, pero ¿conocen a nuestros otros nobeles?

En el campo de la ciencia, Bernardo Houssay, argentino, recibió en 1947 el Nobel de Medicina, y otro investigador argentino, Luis Leloir, obtuvo el premio Nobel de Química en 1970.

Cinco escritores latinoamericanos obtuvieron el premio Nobel de Literatura: Gabriela Mistral, chilena, en 1945; el guatemalteco Miguel Ángel Asturias, en 1967; el chileno Pablo Neruda, en 1971, y en 1982 recibió el galardón Gabriel García Márquez, colombiano, y en 1990 el mexicano Octavio Paz.

Cuatro premios Nobel de la Paz se suman al recibido por Menchú: el primero, en 1936, lo recibió Carlos Saavedra Lamas. En 1980 obtuvo el premio Adolfo Pérez Esquivel. El mexicano Alfonso García Robles, en 1982, y el presidente costarricense Óscar Arias Sánchez, en 1987.

Son muchos nombres para la historia, queridos oyentes.

Respuestas:

Fecha	Nombre	Nacionalidad	Premio
1992	Rigoberta Menchú	guatemalteca	Paz
1947	Bernardo Houssey	argentino	Medicina
1970	Luis Leloir	argentino	Química
1945	Gabriela Mistral	chilena	Literatura
1967	Miguel Ángel Asturias	guatemalteco	Literatura
1971	Pablo Neruda	chileno	Literatura
1982	G. García Márquez	colombiano	Literatura
1990	Octavio Paz	mexicano	Literatura
1936	Carlos Saavedra	argentino(*)	Paz
1980	Adolfo Pérez Esquivel	argentino(*)	Paz
1982	Alfonso García Robles	mexicano	Paz
1987	Óscar Arias Sánchez	costarricense	Paz

(*) Explique a la clase que Carlos Saavedra y Adolfo Pérez Esquivel son argentinos, aunque no se dice en la grabación.

c) Argentina.

ACTIVIDADES 6-7

OBJETIVOS COMUNICATIVOS	GRAMÁTICA
Hablar de dos circunstancias simultáneas en el pasado (1). Describir las circunstancias en que se produjo un acontecimiento (2).	*Cuando/Mientras* + pretérito imperfecto. *Cuando/Mientras* + pretérito imperfecto *Pretérito indefinido.*

 6 Ver diálogo en el Libro del Alumno.

Después de leer y practicar el diálogo, pida a los alumnos que clasifiquen las frases con cuando/mientras en dos grupos. Pregúnteles por la diferencia entre los dos.

Cuando/Mientras + imperfecto/imperfecto (ver cuadro (1)).

Cuando/Mientras + imperfecto/indefinido (ver cuadro (2)).

Remítales al **Fíjate** para comprobar sus respuestas.

7 **a)** Antes de que los alumnos completen la ficha, asegúrese de que sepan los verbos que van a necesitar. Podría escribir los verbos desordenados en la pizarra. Los alumnos asocian los verbos con los acontecimientos.

- empezar
- estudiar (2)
- casarse
- nacer
- casarse
- nacer
- dar
- pasar
- estudiar
- echar
- jugar (en)

ACTIVIDADES 8-9

OBJETIVOS COMUNICATIVOS	GRAMÁTICA
Relacionar acontecimientos del pasado. Hablar de un acontecimiento inmediatamente posterior a otro.	*En cuanto* + pretérito indefinido. *Nada más* + infinitivo.

8 **a)** Los alumnos deberían producir frases como las siguientes: (indicios)

Nada más entrar/En cuanto entró...

1. El detective vio la televisión encendida.
2. Vio el cigarrillo encendido.
3. Vio que el periódico estaba abierto por la página del horóscopo.
4. Vio que el muerto llevaba un delantal.
5. Vio la nota en el suelo.
6. Vio la carta sin terminar.
7. Vio el teléfono descolgado.
8. Vio las dos copas.
9. Vio la botella de cava sin abrir.
10. Vio los aperitivos.

b) Pida a los alumnos que interpreten los indicios. Hágales preguntas como las siguientes:

¿Qué creéis que ocurrió?

¿En qué circunstancias se produjo la muerte de Pablo Pelas?

Por grupos, puede pedir a los alumnos que escriban el relato del asesinato. En la puesta en común, que la clase decida qué relato es más verosímil.

AL HABLA, A LA ESCUCHA, A LA LÍNEA, POR ESCRITO

 10 Remita a los alumnos al título de la canción y pídales que busquen la palabra «navaja» en el diccionario. Por el nombre, ¿cómo es Pedro Navaja?

Los alumnos escuchan la canción. Vuelven a leer las primeras ocho líneas y deciden qué dibujo de la actividad 11 corresponde a Pedro Navaja (dibujo número 1).

12 Los alumnos deben volver a leer/escuchar la canción. Indíqueles que sobra un dibujo. Deben ordenar los dibujos y buscar el dibujo sobrante (el número 6).

El orden es: 4, 3, 1, 5, 2.

13 **a)** **Respuestas:**

Ropa: gabán, sombrero (de ala ancha), zapatillas, gafas oscuras, abrigo.

Armas: puñal, revólver, Smith and Wesson, disparo, cañón.

Partes de la ciudad: barrio, manzanas, acera, calle, avenida.

Dinero: plata.

c) **Respuestas:** para, nada, todos, toda, tumbado, lado, volado.

14 Un borracho/Un transeúnte encontró los cuerpos.

15 Los alumnos escriben el relato sencillo de la historia. Si quiere, escriba preguntas en la pizarra para ayudarles.

Por ejemplo:

¿Dónde estabas?
¿A quién viste primero?
¿Cómo era?
¿Qué hacía?, etc.

PARA TODOS LOS GUSTOS

Página 116

Antes de que los alumnos lean el texto, pregúnteles si conocen ciudades norteamericanas con nombre hispano. También puede proponerles que busquen el mayor número posible de ciudades en un mapa.

Pregúnteles si saben en qué zonas de Estados Unidos hay hispanos.

1. **Respuestas:**

   California, Arizona, Nuevo México y Texas: chicanos o mexicanos emigrados.
   Nueva York: puertorriqueños.
   Florida: cubanos.

2. «Chicano» significa mexicano emigrado.

3. Se habla más español en Florida: un 70% de la población habla castellano.

Página 117

Respuestas:

1. Buenos Aires: Argentina
   Ciudad de México: México
   São Paulo: Brasil
   Río de Janeiro: Brasil
   Caracas: Venezuela

2. Callampas, ranchos, favelas, paracaidistas, colonias proletarias.

3. Ciudad de México, con veinte millones de habitantes.

4. Problemas de vivienda y contaminación. La contaminación aumenta el riesgo de contraer enfermedades.

MATERIAL COMPLEMENTARIO

Concurso sobre Hispanoamérica

Sugerencias:

a) Divida la clase en dos equipos, **A** y **B**, y hágales las preguntas. Si contesta el equipo A, dos puntos. Si no contesta, la pregunta pasa al equipo B, que gana un punto si contesta correctamente.

b) En grupos. Se reparten fotocopias de las preguntas de la página 63. Contestan en el grupo y luego se comprueban las contestaciones en clase.

c) Después de hacer el juego, los alumnos, en grupos, investigan y preparan sus propias preguntas para otro concurso. Si no dispone de muchas horas de clase, es mejor que cada alumno prepare un mínimo de tres preguntas en casa. En la clase siguiente, los grupos o equipos tienen diez minutos para ordenar las preguntas, comprobar que no hay ninguna repetida, etc. Dígales que no está permitido hacer ninguna pregunta cuya respuesta no sepan.

1. ¿Cuál es la ciudad más grande de Hispanoamérica?

2. ¿Qué musical escrito por ingleses y basado en la vida de una argentina fue un éxito mundial?

3. ¿Sabéis el título de alguna de sus canciones?

4. ¿Qué presidente chileno fue derrocado por el general Agustín Pinochet?

5. ¿Cuál es la capital de Brasil?

6. ¿Y del Ecuador?

7. Una ciudad europea dio su nombre a un país latinoamericano. ¿Cómo se llama el país? ¿Y la ciudad?

8. Y hablando de este país, ¿cuál es su capital?

9. ¿Sabéis tres palabras asociadas con el baile que provienen de Latinoamérica?

10. ¿Qué ciudad hispanoamericana es famosa por su carnaval?

11. ¿En qué cordillera se encuentra la ciudad de Machu-Picchu?

12. ¿Y en qué país?

13. ¿Cuál fue el primer país hispanoamericano al que llegó Colón?

14. ¿Qué dictador de una isla del Caribe recibió el apodo de «Baby Doc»?

15. ¿De dónde procede la mayor parte de los hispanos que viven en Florida?

16. ¿De qué país hispanoamericano procede el personaje de cine «El Zorro»?

17. ¿Cómo se llama el estrecho que separa Argentina de Tierra del Fuego?

18. ¿Qué pintor colombiano pinta a todos sus personajes muy gordos?

19. ¿Qué infusión, parecida al té, toman los argentinos, uruguayos y paraguayos?

20. ¿De qué país hispanoamericano proviene el tequila?

Respuestas:

1. México.
2. Evita.
3. Evita. *No llores por mí, Argentina*.
4. Salvador Allende.
5. Brasilia.
6. Quito.
7. Venezuela, Venecia.
8. Caracas.
9. tango, samba, salsa.
10. Río de Janeiro.
11. Los Andes.
12. Perú.
13. República Dominicana.
14. Haití.
15. Cuba.
16. México.
17. El estrecho de Magallanes.
18. Fernando Botero.
19. El mate.
20. México.

LECCIÓN 10

PRESENTACIÓN, página 119

Introduzca el tema hablando con los alumnos de sus trabajos: *qué hacen, qué se necesita para poder realizar sus trabajos,* etc.

Remita a los alumnos a los anuncios y pídales que busquen lo siguiente:

— una palabra para describir a una persona que ha completado sus estudios universitarios (licenciado/a);

— una palabra relacionada con los ordenadores (informática);

— una palabra que significa «enviar» (remitir);

— una palabra que significa «sueldo» (remuneración).

Se buscan vendedores en el anuncio de «Técnicos comerciales».

Las personas interesadas en el trabajo deben enviar su currículum vitae a PSICOTEC, S.A., c/ Orense, 9 - 1.ª dcha., 28020 Madrid.

Puede formular otras preguntas a la clase como las siguientes:

¿En cuál de los trabajos hay que tener menos de veintisiete años?

¿Cuál de los anuncios menciona el lugar de trabajo?

¿En cuál de los trabajos hay que viajar?, etc.

ACTIVIDADES 2-6

OBJETIVOS COMUNICATIVOS	GRAMÁTICA
Presentar una información con valor general sin precisar el sujeto. Expresar necesidad. Hablar de requisitos mínimos.	Sujeto indeterminado: *se* + verbo en tercera persona del singular. *Hay que, hace falta, ser necesario, tener que. Bastar/Basta con, ser suficiente/es suficiente con.*

a) Los trabajos son: informático, recepcionista, veterinario, ejecutiva.

b) Antes de realizar la actividad, remita a los alumnos al **Fíjate** e indíqueles que las expresiones del cuadro de la izquierda son específicas de anuncios escritos.

Pida a los alumnos que piensen en anuncios de trabajo en sus países (o que traigan anuncios a clase): ¿qué información se exige de los candidatos? Según la heterogeneidad de la clase, estas preguntas pueden dar lugar a un debate sobre el tipo de información específica (sexo, religión, estado civil) del candidato y sobre la discriminación en el trabajo.

a) y b) Esta actividad podría ser más divertida si no dicen de qué trabajo se trata. Incluso se podrían poner los anun-

cios en la pared del aula para que todos los puedan leer y escoger. Después descubren los trabajos.

a) y b) Ver diálogo en el Libro del Alumno.

Después de leer y escuchar el diálogo, los alumnos lo practican en parejas. Luego intentan adivinar de qué trabajo se trata. Anímeles para que le hagan preguntas.

La respuesta es **ascensorista**.

En parejas, pida a los alumnos que reproduzcan el diálogo con otra información sobre un trabajo misterioso. Los otros alumnos deben adivinar de qué trabajo se trata.

a) Evidentemente, algunos trabajos tienen los mismos requisitos que otros.

OBJETIVOS COMUNICATIVOS	GRAMÁTICA
Informar de actividades en el pasado: consideradas en su transcurso o en su punto de partida.	*Hace* + cantidad de tiempo. *Desde que* + pretérito indefinido/presente.

7 Los alumnos leen la ficha de Paloma.

Antes de leer/escuchar el diálogo, remita a los alumnos a la ficha de Paloma y hágales preguntas del tipo:

¿Cuántos años tiene Paloma?

¿Qué idiomas sabe?

¿Sabe utilizar un procesador de textos?

¿Cuánto dinero le gustaría ganar?

¿Aproximadamente cuánto es eso al cambio de tu país?

¿Cuánto tiempo trabajó en el Banco Valcañas? ¿Cuánto tiempo lleva en el Banco Sancaya?

Luego pídales que escuchen la grabación y anoten lo que hacía Paloma en Inglaterra.

 TT: *Buenos días. Pase, por favor, y siéntese.*
P: *Gracias, buenos días.*

TT: *Hemos leído su currículum y queríamos hacerle algunas preguntas.*
P: *Dígame.*

TT: *Vamos a ver. Veo que sabe usted idiomas. ¿Cuánto tiempo hace que estudia inglés?*
P: *Pues empecé a estudiar inglés en el colegio, pero hace cuatro años me marché a Inglaterra de au pair. Estuve allí un año; luego seguí estudiando aquí, en España..., y... desde que empecé a trabajar, ya no voy a clase, pero hago un cursillo todos los veranos. Hace dos años empecé a estudiar también francés.*

TT: *Bien..., y... a ver... Trabajó en el Banco Valcañas.*
P: *Sí, allí estuve durante un año. Al año siguiente lo dejé porque me ofrecieron un trabajo en el Banco Sancaya y, bueno, me interesaba más.*

TT: *Parece que sabe usted bastante de procesadores de textos. ¿Desde cuándo trabaja con ordenadores?*
P: *Pues desde que empecé a trabajar en el banco, hace dos años.*

Dibuje una línea en la pizarra, poniendo el año en que se está actualmente:

Ahora
(1994)

Remita a la clase al **Fíjate**, señale «hace dos años» y escriba al lado la fecha actual.

Por ejemplo:

Hace 2 años → Ahora
(1992)   (1994)

Vuelven a escuchar la grabación y deciden en qué año:

— Paloma se marchó a Inglaterra.
— Volvió a España.
— Empezó a estudiar francés.
— Empezó a trabajar en el banco.

Después hágales preguntas del tipo:

¿Cuándo empezó a trabajar con ordenadores?/¿Desde cuándo trabaja con ordenadores?/¿Desde cuándo hace un cursillo de inglés en verano?

8 **a)** Los alumnos construyen frases verdaderas. Luego, en parejas, hacen preguntas a su compañero:

¿Cuánto tiempo hace que empezaste a estudiar español?

Hace dieciocho meses.

b) Esta actividad se puede realizar de la misma forma que la anterior.

La única diferencia es que las frases no tienen por qué reflejar la verdad.

ACTIVIDADES 9-11

OBJETIVOS COMUNICATIVOS	GRAMÁTICA
Hablar de personas o grupos de personas de identidad indeterminada.	Cuantificadores e indefinidos.

9 Introduzca el tema preguntando a los alumnos qué cualidades debería tener un *maître*.

— *La verdad es que es difícil decidir, ¿eh? A mí me caen bien todos.*

• *Sí, es que todos son simpáticos, pero tenemos que considerar otras cosas también.*

— *Sí, tienes razón. Pues, venga, a ver... Todos trabajan bastante bien.*

• *Sí, desde luego, aunque, bueno, a Alberto a veces se le olvidan las cosas.*

— *Sí, Alberto no está muy atento al trabajo. Bueno, veamos, los demás... hablan muy bien catalán.*

• *Sí, la mayoría sí..., pero Carlos a veces tiene ciertas dificultades.*

— *Bueno, si tú lo dices... ¿Y qué opinas de los otros? ¿Qué te parecen las chicas?*

• *Ambas son muy eficaces y atentas con los clientes, pero ninguna tiene más de veinticinco años.*

— *Sí, las dos son también muy jóvenes. Bueno, seguro que alguno te convencerá para el puesto, ¿no? ¿En quién estás pensando?*

• *Pues... no sé, Juan me parece muy bueno; lo malo es que habla demasiado. El único que realmente me convence es...*

Respuestas:

Obtiene el puesto Ramón.
Alberto no trabaja bien.
Carlos no habla bien el catalán.
Sara y Raquel son demasiado jóvenes.
Juan habla demasiado.

Después de leer el **Fíjate**, los alumnos vuelven a escuchar la grabación. Luego hacen frases con los elementos del **Fíjate**.

Por ejemplo:

Casi todos trabajan bien.
El único que no trabaja bien es Alberto.

11 La actividad se realiza primero en grupos. Después, a la hora de comparar los resultados de los diferentes grupos, haga un cuadro en la pizarra para poder sacar conclusiones globales para la clase.

AL HABLA, A LA ESCUCHA, A LA LÍNEA, POR ESCRITO

12 Para introducir el tema, haga a la clase preguntas del siguiente tipo:

¿Habéis escrito alguna vez vuestro currículum vitae/currículo?
¿Qué tipo de información se suele incluir?

Leen el currículum vitae de Rafael y deciden si los currículos se presentan de la misma manera en su país.

13 La carta correcta es la **C**.

Los cuatro errores de la carta A son:

Queridos primos.

El uso de «vuestro»: su anuncio. (Remita a los alumnos a la forma de «ustedes».)
Un beso muy fuerte de vuestro primo.
El apodo «Rafa».

Los cuatro errores de la carta B son:

Madrid (según el currículo vive en Zaragoza).

El uso de la forma «vosotros»: vuestro anuncio, vuestra asociación, no dudéis, os manda.

Un abrazo de vuestro amigo «Rafa».

66

14 *Bueno, pues me llamo Julio Aguilera. Nací el 20 de noviembre de 1968. Vivo en Sevilla, en la avenida de la Constitución, 9. Si quiere mi teléfono, es el 536 21 43. Dejé de estudiar a los dieciséis años y me puse a trabajar en la panadería de mi padre. No me gustaba nada, así que decidí hacer un curso de cocina. Empecé en el año 1986 y terminé al año siguiente. Luego..., ese mismo año, en el 87, empecé a trabajar en un restaurante. Durante las vacaciones de ese mismo año hice un curso de recepción en un hotel. También he estudiado un poco de inglés para atender mejor a los clientes extranjeros, y hace un año decidí abrir mi propio restaurante, «El cocido», y hasta ahora... No tengo tiempo para muchas aficiones, pero me gustan mucho el cine y la televisión, la música heavy y las motos.*

Respuestas:

CURRÍCULUM VITAE

Nombre: Julio Aguilera

Fecha de nacimiento: 20 de noviembre de 1968

Dirección: Avenida de la Constitución, 9, Sevilla

Teléfono: 536 21 43

Estudios: Colegio hasta los dieciséis años.
1986-87 Curso de cocina.
1987 Curso de recepción.

Experiencia profesional: Trabajó en la panadería de su padre.
1987 Empezó a trabajar en un restaurante.
Tiene su propio restaurante.

Otros conocimientos: inglés.

PARA TODOS LOS GUSTOS

Página 128

1. **Respuestas:**

   La primera pregunta se refiere a los textos legales:

   — artículo 35 de la Constitución española, artículo 42 de la Ley Básica de Empleo y las directivas del Consejo de la CE;

   — discriminación;

   — raza, sexo, opinión política, origen social.

2. — El 65 % vive en el hogar matrimonial. El 61 % tiene hijos que conviven en el hogar en el 90 % de los casos.

   — Las mujeres que conviven con hombres de entre veinticinco y treinta y cuatro años han realizado estudios superiores, tienen hijos y viven en ciudades medianas o grandes.

   — Del nivel de estudios.

Página 129

Respuestas:

1. — Planchar.
   — Tender la ropa.

2. — Reparación casera.
   — Hacer la compra, sacar la basura o cuidar las plantas.
   — En el artículo se sugiere que la mayor colaboración del hombre depende de la influencia positiva de las mujeres jóvenes.

MATERIAL COMPLEMENTARIO

Reparta fotocopias de las preguntas de la página 68 y asegúrese de que los alumnos las entiendan. Anímeles a sugerir quién podría formular estas preguntas y a quién van dirigidas. (Una persona que entrevista a un candidato para un trabajo.)

Luego pídales que numeren las preguntas del 1 al 10, según su opinión, por la importancia de cada una. Luego, los alumnos comparan su respuesta con la de un compañero y después con las de la clase.

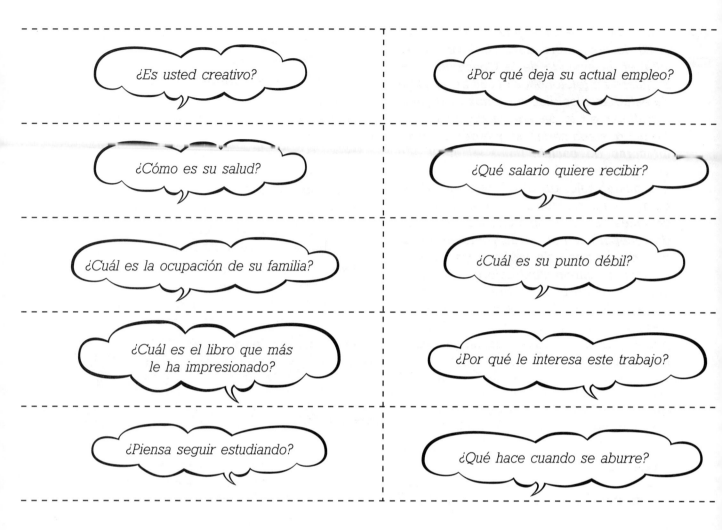

¿Es usted creativo?

¿Por qué deja su actual empleo?

¿Cómo es su salud?

¿Qué salario quiere recibir?

¿Cuál es la ocupación de su familia?

¿Cuál es su punto débil?

¿Cuál es el libro que más le ha impresionado?

¿Por qué le interesa este trabajo?

¿Piensa seguir estudiando?

¿Qué hace cuando se aburre?

1 **a)** Indique a los alumnos que las expresiones corresponden a las primeras seis viñetas y que hay tres expresiones para la viñeta número 3, dos para la viñeta número 5 y ninguna para la viñeta número 7.

Respuestas:

Las expresiones corresponden a las siguientes viñetas:

1. Bajar las escaleras.
2. Caerse.
3. Coger en brazos reñir hacerse daño.
4. Echarse a llorar.
5. Subir en hombros jugar al caballito.
6. Darse en la cabeza.

b) **Respuesta**:

Un día, de pequeño, cuando no sabía andar, iba a bajar la escalera y de repente llegó mi abuelo y me cogió en brazos. Empezó a reñirme y a decirme que me podía caer y hacerme daño. Me asustó tanto que me eché a llorar. Entonces, mi abuelo —¡hop!— me subió a hombros y nos pusimos a jugar al caballito —takatá takatá. Nos lo estábamos pasando fenomenal corriendo por el pasillo y riéndonos, cuando de repente —¡crack!—, al entrar en la habitación me di un golpe con el marco de la puerta y entonces sí que me abrí la cabeza.

 2 Esta actividad se podría plantear como una llamada telefónica entre Diego y Carmen en la que hablan de lo bien que lo pasaron y contrastan opiniones. Para darle un toque de realismo y si hay suficiente espacio en el aula, las parejas se ponen de espaldas para no verse las caras, lo cual les obliga a escuchar con más atención.

 3 **a)** Se trata de **Woody Allen**.

LECCIÓN 11

PRESENTACIÓN, página 133

1 Pida a sus alumnos que observen los dibujos y formúleles preguntas sobre las diferentes situaciones reflejadas:

¿Dónde están?
¿Qué relación creéis que tienen?
¿Qué están haciendo?

Los alumnos leen los diálogos, escuchan la grabación y, en parejas, asocian los diálogos con los dibujos.

  A. — *A ver si quedamos esta semana, que hace muchísimo que no nos vemos.*
  • *Vale, ya te llamaré.*

B. — *Espero que te guste.*
  • *Seguro que sí, Javier, gracias.*
C. — *¡Ojalá acaben pronto los exámenes!*
  • *Sí, a ver si terminan de una vez, porque estoy harto de estudiar.*
D. — *¡Ojalá me toque, ojalá me toque!*
  • *¡Que tenga suerte!*
E. — *Mamá, ¡quiero que me lo compres!*
  • *Te he dicho que no, Diego.*
F. — *Chico, mucha suerte, espero que ganes.*
  • *Gracias.*

Respuestas:

1 = A	3 = D	5 = B
2 = E	4 = F	6 = C

ACTIVIDADES 2-3

OBJETIVOS COMUNICATIVOS	GRAMÁTICA
Hablar de deseos o esperanzas.	*Querer/Esperar* + subjuntivo. *¡Ojalá!* + subjuntivo. *Que* + subjuntivo. *A ver si* + indicativo.

2 **a)** Pida a los alumnos que lean las frases y anímeles a que expliquen a sus compañeros el significado de las palabras que éstos desconozcan. Haga usted lo mismo con las que no entienda ningún alumno.

Una vez hayan decidido individualmente quién dice cada una de las frases propuestas y en qué situación, propóngales una puesta en común en grupo-clase.

Posibles respuestas:

1. profesor; 2. padres; 3. jefe; 4. médico; 5. padres; 6. deportista; 7. padres; 8. alumno; 9. niño; 10. médico.

b) Si ningún estudiante fuera capaz en un principio de determinar por qué en unas frases se utiliza el infinitivo y en otras el presente de subjuntivo, podría ayudarles preguntándoles cuál es el sujeto de algunas de esas frases.

Remítales al **Fíjate,** centrando la atención de los alumnos en el cuadro presentado, y asegúrese de que entienden todo. Haga énfasis en que si los dos verbos se refieren al mismo sujeto, el último va en infinitivo; en cambio, si los dos se refieren a sujetos diferentes, el primero va en indicativo, y el segundo, en subjuntivo.

 3 **a)** Los alumnos deciden individualmente qué quieren o esperan de ellos las personas propuestas. Luego contrastan sus respuestas con las de sus compañeros.

b) Comunican sus deseos a sus compañeros y los contrastan con los de éstos. Si lo desea, el profesor puede dirigir un comentario en grupo-clase, incidiendo en las causas de ciertos deseos que vayan surgiendo.

Puede incitar al debate a los alumnos sobre los estereotipos.

¿Qué se espera de los padres? ¿Y de los profesores? ¿Y del marido?, etc.

OBJETIVOS COMUNICATIVOS	GRAMÁTICA
Hablar de hipótesis o posibilidades.	*A lo mejor/Lo mismo/Igual/A ver si* + indicativo. *Posiblemente/Probablemente/Seguramente* + indicativo/presente de subjuntivo. *Quizá/Tal vez* + presente de subjuntivo/presente de indicativo.

4 Ver diálogo en el Libro del Alumno.

Los alumnos escuchan el diálogo a la vez que lo leen en sus libros. Introduzca el vocabulario que desconozcan. Preste especial atención a las formas de expresar hipótesis recogidas en el diálogo. Pídales que cierren el libro y que digan las palabras y expresiones que recuerden. Reconstruya el diálogo en la pizarra con la ayuda de los alumnos. Haga que lo escuchen de nuevo si fuera necesario.

Pueden practicarlo en grupos de tres.

Explique el **Fíjate**. Podría escribir los siguientes encabezamientos en la pizarra:

Indicativo	Subjuntivo	Indicativo-Subjuntivo
A lo mejor		

Los alumnos completan la lista con las palabras o expresiones del **Fíjate**.

5 a) Los estudiantes escuchan cada una de las frases y anotan la forma verbal en presente de subjuntivo que oigan y el infinitivo correspondiente.

¡Ojalá pueda venir!
Espero que haya para todos.
Quiero que la conozcas.
Tal vez pida paella.
Puede que salga esta noche.
¡Ojalá vaya a verte!
Espero que lo sepa.
Que tenga suerte.
Quiero que se lo digáis.
Quizá vuelva mañana.

Respuestas:

pueda	vaya	poder	ir
haya	sepa	haber	saber
conozcas	tenga	conocer	tener
pida	digáis	pedir	decir
salga	vuelva	salir	volver

6 a) Asegúrese de que los alumnos entienden cada una de las frases.

Pueden escucharlas varias veces si fuera necesario y anotarlas antes de determinar individualmente si expresan deseos o hipótesis. Comparan sus respuestas en parejas antes de proceder a la puesta en común en grupo-clase.

A. *¡A ver si me escribes, guapa!*
B. *¿Las llaves? A ver si las tengo en el bolso...*
C. *Tal vez las tengas en el bolsillo.*
D. *¡A ver si tenemos suerte en el examen!*
E. *Con un poco de suerte tal vez sea fácil.*
F. *Es muy tarde. A ver si no voy a llegar a clase...*

Respuestas:
Deseos (A, D).
Hipótesis (B, C, E, F).

Contraste A) y D) con B) y F). El mismo exponente lingüístico sirve para expresar dos intenciones comunicativas diferentes.

7 Si quiere, podría presentar esta actividad a modo de juego. El profesor escribe una causa para cada situación en un papel que no enseña a los alumnos. Posteriormente, cada pareja va diciendo las causas que han ideado para cada situación. Si sus propuestas coinciden con las del profesor ganan un punto. Gana la pareja con el mayor número de aciertos.

8 Realice una demostración de la actividad dando pistas sobre un objeto, una persona o un animal para que sus alumnos adivinen de qué o de quién se trata. Aproveche esta primera fase para asegurarse de que utilizan correctamente los modos indicativo y subjuntivo.

Por ejemplo: *Es un actor americano. Tiene unos treinta años. Es guapo y muy famoso.*

(Conviene no dar demasiadas pistas para que exista un elemento de duda. Si quiere, puede limitar el número de pistas a cuatro o cinco.)

ACTIVIDADES 9-10

OBJETIVOS COMUNICATIVOS	GRAMÁTICA
Descartar una hipótesis. Ofrecer una alternativa a una hipótesis.	*No creo que/Espero que no* + subjuntivo. *A no ser que* + subjuntivo.

9 **a)** Presente el léxico relativo a las secciones de la librería. Después de que hayan realizado la actividad, aclare cualquier duda léxica. Haga que los alumnos que conozcan algunos de los personajes o temas propuestos expliquen a sus compañeros lo que sepan sobre los mismos.

Respuestas:

Canto al amor = Poesía.
Diccionario de sinónimos = Lengua.
Blancanieves = Infantil.
Ensayos filosóficos = Filosofía.
Federico García Lorca = Biografía o Literatura.
La evolución de la macroeconomía en los años ochenta = Economía.
Tu hijo y la adolescencia = Psicología.
Crimen perfecto = Literatura.
100 recetas vascas = Cocina.
La guerra civil española = Historia.
Gran atlas mundial = Geografía.

b) Asegúrese de que entienden el significado del vocabulario que aparece en el libro. Pídales que hagan hipótesis, en parejas, referidas a aquellos libros sobre los que tengan dudas, antes de pasar a la comprobación colectiva.

Compruebe la producción correcta de la expresión de la hipótesis y el uso del indicativo o subjuntivo.

c) Ver diálogo en el Libro del Alumno.

Una vez que hayan leído y escuchado el diálogo un par de veces y que se hayan solucionado los problemas de vocabulario, centre la atención de los alumnos en el **Fíjate**, especialmente en el contraste de «creo que + presente de indicativo/no creo que + presente de subjuntivo».

10 Dé a cada pareja la oportunidad de elegir la manera de averiguar el significado de las palabras que desconozcan (preguntar a los compañeros, al profesor, consultar un diccionario, etc.).

Cuando hayan decidido en qué tipo de libro pueden encontrar cada una de las citas, lo comentan con sus compañeros. Procure que argumenten sus opiniones, sobre todo aquellas en que no estén de acuerdo todas las parejas.

ACTIVIDADES 11-12

OBJETIVOS COMUNICATIVOS	GRAMÁTICA
Hablar de la causa. Hablar de la finalidad.	Preposiciones **por** y **para**.

11 **b)** Pida a los alumnos que expongan las razones que les llevan a elegir un determinado curso.

Resalte el contraste entre causa y finalidad. En la expresión de la finalidad, señale la oposición entre el uso del infinitivo (cuando se trata del mismo sujeto) y del subjuntivo (cuando los sujetos de los verbos son diferentes).

12

b) Después de realizar la actividad, cada alumno cuenta alguna información divertida, interesante, etc., relativa a su pareja.

Por ejemplo:

Juan fue a Francia para visitar a una chica.

13

a) Primero leen rápidamente las descripciones de los cursos y deciden a qué corresponden.

b) Pida a los alumnos que lean rápidamente los textos. Insista en que no hace falta que entiendan todo, sino sólo distinguir los temas generales.

Los títulos van en el siguiente orden:
Actividades complementarias;
Lengua española;
Cultura y civilización hispánicas;
Inscripción;
Deportes;
Certificado de asistencia;
Alojamiento.

c) Respuestas:

A = F, B = V, C = F, D = V, E = V,
F = V, G = F, H = F.

14

a)

— *A lo mejor hago un curso de español este verano.*
• *¡Qué bien! ¿Y cuándo?*
— *Pues tal vez vaya en julio, o quizá en septiembre, no sé...*

• *El curso de julio es más largo, ¿no? Puede que aprendas más.*
— *Sí, tienes razón.*
• *¿Y qué nivel vas a seguir?*
— *Pues no lo sé, no creo que pueda seguir el nivel superior; a lo mejor el nivel medio. ¿Tú que crees?*
• *Hombre, tú sabrás. Lo mismo sabes más de lo que piensas.*
— *Me voy a matricular en el nivel medio, a ver qué pasa. Y para pagar, ¿por giro o por transferencia?*
• *Por transferencia es más cómodo, ¿no?*
— *Quizá sea más rápido por giro. Sí, creo que sí, por giro.*
• *¿Vas a reservar alojamiento?*
— *Espero que no haya problemas de plazas. Lo mismo sólo quedan habitaciones dobles, no sé. Yo prefiero una habitación individual, pero...*
• *Pues resérvala; cuanto antes, mejor.*
— *Vale, pues ya está.*

Respuestas:

Fecha del curso: *julio.*
Conocimientos de español: *nivel medio.*
Forma de pago: *giro.*
Alojamiento: *habitación individual.*

Página 142

Respuestas: (cuadro)

1. En dos partes: la educación primaria y la secundaria obligatoria.

2. Empiezan a los seis años. La enseñanza es obligatoria hasta los dieciséis años.

3. Existen dos posibilidades: el bachillerato y el módulo profesional.

4. No, hay que pasar una prueba.

Respuestas: (texto)

2. Literatura, historia, geografía, filosofía, lenguas...

3. Para prepararse para un trabajo específico.

4. El módulo 2 es para las personas que no hacen el bachillerato; el 3, para los que lo han terminado. En el módulo 3 se alcanza un mayor grado de especialización.

Página 143

Respuestas:

3. Consolidar la Europa de los ciudadanos.

4. Estudiantes.

MATERIAL COMPLEMENTARIO

Escriba los siguientes temas en la pizarra:

• el desayuno	• los hoteles	• la televisión	• las vacaciones
• viajar en avión	• los libros	• madrugar	• trasnochar
• España	• América	• los sábados	• los periódicos
• los perros	• la música pop	• las discotecas	• las fiestas

Los alumnos, por turnos, deben escoger uno de ellos (que usted debe borrar para que no se repita) y hablar durante un minuto sobre el tema elegido.

LECCIÓN 12

1 Introduzca el tema hablando de las películas:

¿Habéis visto alguna de estas películas?
¿Qué os pareció? ¿Os gustó?
¿Sabéis el nombre de estas películas en vuestro idioma?
¿Cuál de las películas es española? ¿Cómo lo sabéis?

Después pídales que respondan a las preguntas del Libro del Alumno.

Respuestas:

«La ciudad de la alegría» en cinco cines: Palacio de la Música, Benlliure, Juan de Austria, Cartago y Aluche.

El director de «Crimen perfecto» es Alfred Hitchcock.

Actúan niñas en «Cría cuervos».

Bram Stoker escribió «Drácula».

ACTIVIDADES 2-4

OBJETIVOS COMUNICATIVOS	GRAMÁTICA
Formular invitaciones.	Condicional
Aceptar y rechazar una invitación.	Te/os/le/les apetece + infinitivo.
Expresar preferencias.	Te/os/le/les apetece + *que* + subjuntivo.
	Te/os/le/les apetecería + infinitivo.
	Preferir + infinitivo.

2 Ver diálogo en el Libro del Alumno.

Después de leer y escuchar el diálogo, haga a los alumnos preguntas como las siguientes:

¿En qué pregunta se formula una invitación?
Uno de los dos expresa una preferencia. ¿Qué dice?
¿Qué película van a ver?
¿Dónde la echan?
¿Dónde van a cenar?
¿Dónde y a qué hora quedan?

Los alumnos vuelven a escuchar el diálogo y luego lo practican en parejas.

Leen el primer **Fíjate**. Pídales que sugieran otros ejemplos para cada caso.

Por ejemplo:

¿Os apetece salir mañana? ¿Te apetece ir al cine el sábado?, etc.

Después invíteles a hacer algo.

Por ejemplo:

¿Te apetece ir al partido el sábado, X?
¿Te apetece que vayamos al campo el domingo, Y?

Los alumnos eligen las respuestas que quieran. Después, uno de los alumnos invita a un compañero a hacer algo; éste contesta e invita a otro, y así sucesivamente.

Al centrar su atención en el segundo **Fíjate**, pregúnteles cómo se forma el tiempo condicional. Indíqueles que en el caso de los verbos irregulares, la raíz es la misma que se utiliza para formar el futuro imperfecto.

Remítales a la formación del pretérito imperfecto y pídales que comparen las terminaciones. De esta manera llegarán a la formación del condicional a partir del infinitivo y de las terminaciones del pretérito imperfecto.

3 a) Indique a los alumnos que sólo deben escuchar.

A. *¿Te apetece ir al cine?*
B. *Me encantaría.*
C. *¿Te gustaría salir a cenar?*
D. *Lo siento pero no puedo.*
E. *¿Te apetece ir de excursión?*
F. *Sí, me haría mucha ilusión.*
G. *Yo casi preferiría ir al teatro.*
H. *Lo siento pero ya he quedado.*

b) Aquí, en la grabación, sólo se oye la entonación de las frases anteriores, con espacios para que los alumnos repitan la música de la entonación. Pare la cinta después de cada repetición para que puedan completar el cuadro.

Respuestas:

Invitación: A, C, E.

Invitación aceptada: B, F.
Invitación rechazada: D, H.
Otra sugerencia: G.

 c) En la grabación se vuelven a escuchar las frases completas.

ACTIVIDADES 5-7

OBJETIVOS COMUNICATIVOS	GRAMÁTICA
Hacer comparaciones.	Comparativos de superioridad e inferioridad: *Más/Menos* + adjetivo/adverbio + *que*. *Más/Menos* + expresión de cantidad. Igualdad: *Tan* + adjetivo/adverbio + *como*. *Igual de* + adjetivo/adverbio. *Lo mismo que, tanto como*.

5 Antes de realizar la actividad de «verdadera o falsa», haga preguntas como las siguientes:

¿Cuántas películas están anunciadas?
¿Cuántas actividades están relacionadas con animales?
¿Qué actividades les gustarían a los niños?
¿Y a las personas a quienes les gustan las motos?
¿Dónde se pueden ver las reproducciones de personajes famosos de todos los tiempos?
¿Dónde se pueden ver aviones?

Los alumnos vuelven a leer los anuncios y completan el cuadro de verdadero o falso.

Respuestas:

Falso, Falso, Falso, Verdadero, Verdadero (se supone).

Después de leer el **Fíjate,** los alumnos, en parejas, escriben otras frases comparativas, utilizando la información de los anuncios. Luego leen sus frases a la clase.

7 Si quiere, puede realizar esta actividad (con los libros cerrados) de la siguiente manera:

Todos los alumnos se ponen de pie en el centro del aula. Sitúese entre ellos. Diga «los gatos» y señale un extremo del aula, y acto seguido, «los perros», señalando el otro extremo. Los alumnos tienen que ir al extremo que corresponda a su preferencia (gatos/perros). Una vez allí, el alumno habla con el máximo número de compañeros y les explica las causas de su preferencia. Pasados uno o dos minutos, indíqueles que vuelvan al centro y repita la actividad a partir de las alternativas propuestas u otras de su elección.

ACTIVIDADES 8-9

OBJETIVOS COMUNICATIVOS	GRAMÁTICA
Valorar con intensidad.	Superlativo relativo El/la/los/las/lo + (sustantivo) + *más/menos* + *que...* El/la/los/las/lo + (sustantivo) + *más/menos* + *que* + frase/ *de* + sustantivo.

8 **a)** Hable con la clase de las fotos. Los alumnos deben reconocer las películas, los actores, etc. ¿Qué películas son?

(*Un día en el circo, La dama y el vagabundo, Indiana Jones y la última cruzada, El padrino.*)

Después pregúnteles qué tipo de películas son y qué película no se enmarca dentro de los tipos sugeridos en la actividad. Pídales una descripción y una definición de este tipo de película (de aventuras).

b) Asegúrese de que entiendan todos los adjetivos. Una vez que hayan asociado éstos con las fotografías, pídales que le den ejemplos de películas aburridas, lentas, etc. Escriba los títulos en la pizarra y de momento déjelos allí. (No importa que los títulos no estén en español. Sin embargo, esta propuesta podría ser más complicada de realizar en una clase plurilingüe.)

Remita a los alumnos al **Fíjate**.

c) Una vez hayan entendido bien el **Fíjate**, remítales a los títulos de películas que están en la pizarra y realice la actividad. Indíqueles que pueden dar su opinión y que pueden rechazar las opiniones de los demás, pero que tienen que proponer una alternativa.

Por ejemplo:

— *«La guerra de las galaxias» es la (película) más entretenida.*

• *No estoy de acuerdo./¡Vaya tontería! La más entretenida es «El Padrino».*

ACTIVIDAD 10

OBJETIVOS COMUNICATIVOS	GRAMÁTICA
Hablar de un lugar. Valorar y describir personas, lugares y cosas.	Ser y estar.

10 **a)**

1. — *Oye, ¿dónde es el concierto de los Celtas Cortos?*
   • *Es en la plaza de toros.*
2. — *La fiesta estuvo bien. Pero no sé si le pasa algo a Juan. Es un chico muy divertido, pero ayer estaba muy serio.*
3. — *No hay nada en la tele. ¡Qué rollo! Sólo ponen el programa «Aquí tu circunstancia», y es aburridísimo.*
   • *Hombre, no sé. Ayer estuvo bastante bien.*
4. — *¿Qué te pasa? Tienes mala cara.*
   • *No, nada, es que estoy un poco deprimido.*
5. — *Carmen, hoy estás guapísima. ¿Qué te has hecho?*
6. — *¿Quiénes estuvisteis en el concierto?*
   • *Estuvimos todos; nos lo pasamos fenomenal.*
7. — *Me gusta muchísimo Harrison Ford. Es muy buen actor y además es guapísimo.*

Respuestas:

El concierto → ser.
Bien → estar.
Aburridísimo → ser.
Deprimido → estar.
Guapísima → estar.
En el concierto → estar.
Muy buen actor → ser.

b) Vuelva a poner los diálogos, parando la cinta después de cada uno para que los alumnos tengan tiempo de anotarlos. Pida a los alumnos que reflexionen sobre los usos de «ser» y «estar» y que intenten extraer alguna consecuencia.

Establezca la comparación entre los diálogos 1 y 6. Para indicar «lugar en donde» se utiliza el verbo «estar», pero también puede indicarse un lugar con el verbo «ser» (en su significado de «tener lugar»).

Establezca la comparación entre los diálogos 5 y 7. Se utiliza «estar» para indicar un estado temporal o circunstancial, y «ser», para indicar una característica permanente.

Si ningún alumno sugiere estas razones (bastante difíciles), remítales al **Fíjate.** Una vez explicado, sería muy interesante preguntar a los alumnos cómo se marcan estos matices en su idioma, **por ejemplo,** cambiar de verbo, cambiar el tiempo verbal, añadir palabras, etc.

c) Esta actividad puede ser muy divertida y una buena ocasión para que los alumnos se den cuenta del impacto de lo que dicen.

Por ejemplo:

«Es muy triste» sería una crítica, mientras «está muy triste» demostraría preocupación por el estado de una persona.

«Está muy simpático» puede dar lugar a pensar que esa persona normalmente es antipático.

«Es muy guapo»/«Está muy guapo» presupone una intención diferente por parte del interlocutor, etc.

11 a) Antes de que escriban, conviene que los alumnos escuchen la grabación.

Esta actriz actúa de vez en cuando.
¿Ves en casa las noticias?
Es el mismo cine.
¿Estabas haciendo la cena?
Es de lo más discreto.
Es un actor conocido.
¿Cuándo sacas los quesos?
El concierto estuvo sensacional.
¿Quieres más cerezas?

c) *Cada vez que vas al cine comes cacahuetes.*

Pida a los alumnos que identifiquen los tres sonidos ausentes en la representación ortográfica: /s/ /θ/ /k/. Insista en que la única representación del sonido /s/ en español es la **s**. No deje de explicar que la letra **c** en posición intervocálica se pronuncia en algunas zonas de España y de América como /s/. Vuelva a recordar las diferentes representaciones del sonido /θ/ (**c** y **z**) y /k/ (**c**, **k**, **q**).

AL HABLA, A LA ESCUCHA, A LA LÍNEA, POR ESCRITO

12 a) No hace falta que explique los títulos de las películas de momento, dado que es probable que los alumnos los entiendan después de realizar las distintas actividades.

Respuestas:

a) *Drácula.*
El sol del membrillo.
American me.
Ciudadano bob roberts.
El guardaespaldas.
El último mohicano.
Freddie, agente 007.
La ciudad de la alegría.

c) a) *La ciudad de la alegría.*
b) *Freddie, agente 007.*
c) *El sol del membrillo.*
d) *Ciudadano Bob Roberts.*
e) *American me.*
f) *El guardaespaldas.*
g) *Drácula.*
h) *El último mohicano.*

d) En las respuestas hemos incluido los nombres de las películas para que pueda indicar a los alumnos el texto en el que se encuentra cada respuesta.

a) penalidades (*La ciudad de la alegría*);
b) convertirse en (*Freddie, agente 007, American me*);
c) superar (*La ciudad de la alegría*);
d) gira (*Ciudadano Bob Roberts*);
e) desentierra (*Ciudadano Bob Roberts*);
f) maligna (*Freddie, agente 007*);
g) pruebas (*Ciudadano Bob Roberts*);
h) relato (*La ciudad de la alegría*);
i) guerra (*El último mohicano*);
j) asaltado (*La ciudad de la alegría*).

13 a) *Y ahora, las películas que se estrenan esta semana:*

— *La primera, una película española, El sol del membrillo, cuenta la historia de* uno de nuestros grandes pintores contemporáneos, Antonio López. Una película interesante y distinta.

— Una película que quizá pueda gustar a los niños es Freddie, agente 007. En estos dibujos animados franceses, como en muchos cuentos clásicos, el príncipe se convierte en rana, pero se trata de un cuento moderno, bastante mediocre por cierto, en el que el príncipe se convierte en un espía francés.

— Si quiere ver una buena película de aventuras, vaya a ver El último mohicano, que cuenta el enfrentamiento entre ingleses y franceses y su repercusión sobre el pueblo indio.

— Para aquellos a quienes les gustan las emociones fuertes, recomendamos la nueva versión de Drácula. En esta ocasión, Drácula coge sus maletas y viaja a Londres, aunque desde luego no para hacer turismo. ¡Hay que verla! Es impresionante.

— Una producción muy americana es Ciudadano Bob Roberts. Ingredientes: política, finanzas y drogas. No es ninguna maravilla, más bien aburrida.

— El siguiente estreno tiene el éxito asegurado, aunque sólo sea por los intérpretes: Kevin Costner hace de guardaespaldas, y Whitney Houston, de cantante que no entiende de peligros. Es entretenida, pero si se la pierde no pasa nada.

— Si le gustó El padrino I y II, no vaya a ver la película American me. El líder de la mafia mexicana, la Eme, reside y dirige la organización desde Los Ángeles. En nuestra opinión, El padrino era mucho mejor. Ésta es malísima.

— Nuestra película favorita —no dejen de verla— es una joya: nos presenta la cruda realidad de la India a través de los ojos de un hombre desencantado que olvida sus problemas ante la miseria. Una excelente producción americana.

Respuestas:

Películas	Recomendada	Calificativo
El sol del membrillo	Sí	Interesante y distinta
Freddie, agente 007	Quizá para niños	Mediocre
El último mohicano	Sí	Buena
Drácula	Sí	Impresionante
Ciudadano Bob Roberts	No	Aburrida
El guardaespaldas	No	Entretenida
American me	No	Malísima
La ciudad de la alegría	Sí	Excelente

 14 Asegúrese de que todos entienden los títulos propuestos.

En esta actividad, los alumnos pueden basar sus descripciones en los resúmenes de las películas de la página 152 del Libro del Alumno.

PARA TODOS LOS GUSTOS

Página 154

1. Pedro Almodóvar es director de cine y Carmen Maura es actriz. Ella ha trabajado en muchas películas de Almodóvar.

2. Carmen piensa que Pedro es caprichoso, pero con unas enormes cualidades humanas. La transformó en una buena actriz.

   Pedro opina que Carmen ha sido enormemente generosa con él y que puede hacer con ella lo que quiera.

3. Carmen Maura hace de protagonista.

Simulación

Divida la clase en grupos de cuatro o cinco alumnos. Explíqueles que cuatro o cinco amigos han quedado en salir el viernes y que tienen que acordar dónde van a cenar y lo que van a hacer después.

Reparta las tarjetas de la simulación e indique a los alumnos que no deben enseñarse las tarjetas. Mientras las están leyendo, dé una vuelta a la clase para asegurarse de que todos comprenden la actividad.

Pepe

No te gusta la comida italiana.
Te gusta mucho la cocina española y la china.
Después de cenar preferirías ir al cine, aunque no te importaría ir a tomar una copa.
Odias las discotecas.

Ana

Te gusta todo tipo de comida.
Tu restaurante favorito es español, «Paella Fast». No te gusta nada el restaurante «La Tortuga»: tardan mucho en servir.
Después de cenar preferirías tomar una copa en un sitio con marcha: música, mucha gente, etc. También te gustan las terrazas al aire libre.

Carmen

Eres vegetariana, con lo cual no te importaría ir a un restaurante italiano o vegetariano. Algunos restaurantes españoles también te gustan.
Después de cenar preferirías ir a bailar, aunque depende de lo que quieran hacer los demás.

Mariano

Odias la comida vegetariana. A ti te gusta cenar un buen trozo de carne.
No te gusta «Paella Fast» porque allí sólo se comen platos a base de arroz, como en los restaurantes chinos.
Después de cenar preferirías dar un paseo o tomar una copa en tu barrio, Lavapiés.

Luis

Sólo te gusta la comida española.
Tienes dos restaurantes preferidos, «Casa Eusebio» y «La Tortuga».
Después de cenar preferirías tomar una copa en un sitio agradable donde puedas charlar tranquilamente con tus amigos.

LECCIÓN 13

PRESENTACIÓN, página 157

1

a) Antes de realizar las actividades propuestas, hable con la clase de los dibujos. ¿Quiénes son? ¿Qué relación existe entre los dos? ¿Dónde están?, etc.

1. — ¿Le importaría dejarme su carné?
   • No, en absoluto, tenga.
2. — ¿Me permite echar una ojeada a su periódico?
   • Cómo no.

3. — ¿Podría poner flores en la habitación?
   • Sí, claro, descuide.
4. — ¿Me podrías dejar mil pesetas?
   • Sí, sí, toma.
5. — ¿Le molesta que fume?
   • No, en absoluto.

b) Las respuestas **C** y **D** sirven para la pregunta número 1.

ACTIVIDADES 2-4

OBJETIVOS COMUNICATIVOS	GRAMÁTICA
Solicitar un servicio. Expresar deseos y peticiones.	Condicional *¿Podría(s)* + infinitivo? *¿Te/le importaría* + infinitivo? *¿Sería tan amable de* + infinitivo? *Me gustaría* + infinitivo. *Quería/Querría* + sustantivo/infinitivo.

2

a) Ver diálogo en el Libro del Alumno.

Centre la atención de los alumnos en el dibujo. *¿Quiénes son las personas que están hablando por teléfono? ¿Dónde están? ¿Qué quiere el señor que está en primer plano?*

c) Después de que hayan practicado el diálogo, pida a los alumnos que busquen todas las frases en las que el cliente solicita algo. Luego, remítales al **Fíjate.** Asegúrese de que entienden que las formas de *¿Sería tan amable de...?* y *¿Querría...?* son muy formales y no se

utilizarían con personas conocidas, excepto en plan irónico.

3

a) Escriba las sugerencias de los alumnos en la pizarra. Luego póngase en la situación del empleado de Correos, por ejemplo, y anime a los alumnos a que le soliciten algo. Después elija a un alumno para ser el camarero en un restaurante y anime a los otros a pedirle cosas. Puede repetir lo mismo con todas las situaciones. Recuérdeles las posibles respuestas vistas en la página anterior.

ACTIVIDADES 5-6

OBJETIVOS COMUNICATIVOS	GRAMÁTICA
Expresar opiniones.	*(Me/te...) encanta/hace ilusión/gusta que* + subjuntivo. *(Me/te...) parece* + adjetivo/adverbio + *que* + subjuntivo. *(No)(me/te...) da igual/importa/molesta que* + subjuntivo. **Ser** + adjetivo + *que* + subjuntivo.

5 **a)** Antes de pasar a esta actividad, pregunte a los alumnos si se acuerdan del nombre del hotel mencionado en el diálogo en la actividad 2 (Hotel de Sastre = desastre). Luego remítales al dibujo de la actividad 5. ¿Qué les parece la habitación?

Respuestas:

1. No, 2. Sí, 3. No, 4. Sí, 5. Sí, 6. No (pero alguien lo ha comido), 7. No, 8. No, 9. No.

Después de leer el **Fíjate** escriba estas frases en la pizarra:

Me encanta pasar las vacaciones en el mar.
Me encanta que me digas eso.
Pregunte a los alumnos por qué en el primer caso se utiliza el infinitivo, y en el segundo, el subjuntivo. La pregunta no debe presentar problemas dado que han visto este mismo fenómeno con los verbos «querer» y «esperar» en la lección 11.

6 Antes de que los alumnos hablen con la clase, asegúrese de que entienden las frases y déles tiempo para formular sus opiniones.

Incluso podría pedirles que ordenen las frases en una lista como la siguiente:

Me encanta/Me hace ilusión...

Me da igual/No me importa...

Me molesta/Me parece fatal...

ACTIVIDADES 7-9

OBJETIVOS COMUNICATIVOS	GRAMÁTICA
Pedir permiso.	¿*Podría/puedo* + infinitivo?
Conceder permiso.	¿*(Te/os/les) importa/molesta que* + subjuntivo?
	¿*Me permite(s)/deja(s)* + infinitivo?
	¿*Me permite(s)/deja(s)* + *que* + subjuntivo?

7 **a)** Antes de poner la grabación, pregunte a la clase cómo se puede pedir permiso en español. Explíqueles que van a escuchar distintas maneras de hacerlo.

 1. — *¿Le importaría dejarme pasar?*
  • *Perdone, pase, pase.*
2. — *¿Podría llamar un momento por teléfono?*
  • *Sí, claro, llama, llama.*
3. — *Oye, ¿puedo cogerte un cigarro?*
  • *Sí, sí, cógelo.*
4. — *Oye, ¿os importa que lleve a un amigo a vuestra fiesta?*
  • *No, mujer, tráete a quien quieras.*
5. — *¿Te molesta que baje el volumen? Es que no consigo concentrarme.*
  • *Sí, sí, bájalo.*
6. — *¿Me permite?*
  • *Sí, claro, siéntese.*
7. — *¿Me dejas que vaya al concierto?*
  • *Bueno, vete.*

c) Una vez comprobadas las respuestas, vuelven a escuchar y deciden si se utiliza «tú/vosotros» o «usted/ustedes» en las respuestas. De esta forma se pretende que también se fijen en la persona utilizada en la pregunta.

8 Indique a los alumnos que deben decidir si van a usar «tú/vosotros» o «usted/ustedes». Excepto en la tercera situación, en la que tienen que utilizar «tú», el uso de uno u otro depende de la relación que se tiene, o de las normas establecidas. Por ejemplo, es muy frecuente utilizar «tú» con el jefe, e incluso con todas las personas que trabajan en la misma empresa, salvo, tal vez, el presidente y muy altos cargos.

Posibles respuestas:

• *¿Me dejan/dejáis salir, por favor?*
• *¿Os importa que cierre las ventanas?*
• *¿Te importa/Puedes bajar la música?*
• *¿Te/Le importa que salga antes hoy?*
• *¿Me dejas/Me permite utilizar tu/su teléfono, por favor?*

Después de realizar esta actividad, los alumnos, en parejas, piensan y escriben en una tira de papel una situación en la que se pide permiso.

Recoja los papeles y vaya leyéndolos a la clase, que sugiere lo que se diría.

 9 Antes de realizar esta actividad, enseñe a la clase algunas maneras de no conceder permiso.

Por ejemplo:

Lo siento, pero + **excusa.**

Me temo que eso no va a ser posible porque + **razón/excusa.**

Deje a los alumnos un tiempo para leer sus tarjetas. Si hay espacio suficiente en el aula, los alumnos se ponen de espaldas para no verse las caras —como cuando se habla por teléfono— y para que presten mayor atención a lo que dice su compañero.

Después de la actividad, pida a alguna pareja que repita la actividad delante de la clase.

ACTIVIDADES 10-12

<table>
<tr><td>OBJETIVOS COMUNICATIVOS
Explicar problemas.
PRONUNCIACIÓN
Distinguir y producir los sonidos /r/ y /r̄/.</td><td>GRAMÁTICA
Verbos: funcionar, faltar, sobrar, haber.</td></tr>
</table>

 10 a) Centre la atención de los alumnos en el dibujo.

¿Qué le pasa al recepcionista del Hotel de Sastre?
¿Qué problemas puede haber?
¿Habéis tenido alguna vez algún problema en un hotel?
¿Qué pasó?

Asegúrese de que los alumnos entiendan el léxico del ejercicio.

1. — *Oiga, vamos a ver, no funciona la calefacción en mi habitación. ¿Podría arreglarla cuanto antes?*
   • *Por supuesto, ¿me dice el número de su habitación?*
   — *La 303.*
2. — *¿En qué puedo servirle?*
   • *Mire, la ducha de mi habitación está estropeada.*
   — *No se preocupe, enseguida mando a alguien a arreglarla.*
   ¿Es usted la señora Sánchez, no?, de la habitación...
   • *Habitación número 33.*
3. — *Oiga, que mi habitación no tenga vistas al mar, vale, pero que falten las sábanas... es increíble... Eso sí, sobran cinco toallas por lo menos.*
   • *Discúlpenos, señor, enseguida solucionamos el problema.*

— *Bueno, espero que sea así. Soy Emilio García, de la habitación 334.*
4. — *¡Esto es un desastre!*
   • *Sí, hotel De Sastre. ¿Dígame?*
   — *Que no, soy la señora Rodríguez, de la habitación 43, ¡que mi habitación es un desastre!*
   • *¿Qué ocurre, señora?*
   — *Pues que hay cucarachas, faltan las toallas, no hay jabón y encima no funciona la tele...*
   • *No sabe cómo lo siento. Ahora mismo me ocupo de solucionarlo.*

 11 Cuando los alumnos vayan a realizar la mímica, indíqueles que debería decir primero (con palabras o gestos) en qué lugar (hotel, *camping,* restaurante, etc.) ha surgido el problema.

 12 a) Pregunte a los alumnos qué palabras o sílabas se cantan en su idioma cuando no se sabe la letra de una canción o cuando sólo se quiere reproducir la música y no la letra. **Por ejemplo:** la-la-la, di-di-di, etc.

En la primera audición de la grabación conviene que sólo escuchen para descubrir cómo se tararea en español.

Vuelven a escuchar y repiten.

La música es la de «Es un muchacho excelente».

titititititititi
tiriritititiriri
tiriri, tariritiri
tarirorirora, tarirorirora

b) Indique a los alumnos que las letras que faltan pueden ser cualquiera de las combinaciones que aparecen en la nube.

haría	*sabré*
importaría	*querré*
tendría	*¿abriría?*
¿me atreveré?	*salía*
tiré	*saldría*
partiré	*sabría*

querría	*vendría*
diré	*quería*
iré	*mentiré*
tendré	*saldré*
¿te reirías?	*vendré*
iría	*¿te atreverías?*
podría	

d) Explique a los alumnos que las frases están bien escritas, pero faltan los espacios entre las palabras. Si quiere, podría sugerir que escriban las frases correctamente, para luego comprobar las respuestas con la grabación.

La risa ridícula le irrita.
La erre le irrita.
Rita querría que te rías.
Iris iría herida.
La ira le hería.
La haría ir herida.

AL HABLA, A LA ESCUCHA, A LA LÍNEA, POR ESCRITO

13 Según el nivel de la clase, esta actividad se puede realizar en parejas, o en grupos de cuatro divididos en dos parejas, **A** y **B**.

Siempre es mejor repartir fotocopias de estas páginas a los alumnos A y B para poder funcionar con los libros cerrados y para que no puedan leer la información que corresponde a su pareja.

Los alumnos leen el texto y contestan a las preguntas del apartado **13a).**

b) Los alumnos utilizan la información del ejercicio **13a)** para explicar sus cartas. En esta actividad, los alumnos deben descubrir la relación y las diferencias entre las dos cartas.

Sólo después de eso pueden leer la carta de su pareja.

PARA TODOS LOS GUSTOS

Página 166

1. Desde 1926.
4. Ofreciendo plazas hoteleras en lugares donde la iniciativa privada encontraría poco rentable hacerlo.

Sugerencia:

Después de observar los símbolos, pida a los alumnos que inventen otros nuevos.

Página 167

Sugerencia:

Divida la clase en cuatro grupos, **A, B, C** y **D**. Cada uno lee uno de los textos. Se forman nuevos grupos con un alumno de cada uno de los grupos anteriores. Explican lo que han leído y deciden qué parador les parece el más atractivo.

Dictado léxico

Usted dicta las listas de palabras y los alumnos las escriben hasta darse cuenta de qué se trata. En el momento que un alumno descubre el tema, deja de escribir y lo dice. Si se equivoca, usted se lo dice y sigue dictando palabras. Es una buena oportunidad para introducir y explicar palabras nuevas.

Por ejemplo:

Música, grupo, ingleses, cuatro, años sesenta, asesinato, Liverpool: **Beatles.**

1. Andalucía, provincia, capital, árabe, histórica, sierra, Sacromonte, Alhambra: **Granada**.

2. Mesa, pila, trapo, tenedor, plato, comida, nevera, lavavajillas, cocinar: **cocina**.

3. Olímpica, socorrista, vestuario, trampolín, crema, verano, sol, agua, broncearse, traje de baño: **piscina**.

4. Manzana, navaja, sombrero, asesinato, hispanoamericano, pistola, chica, canción, cuchillo, Pedro: **Pedro Navaja**.

5. Cajero, estanco, cafetería, despegar, información, azafata, aterrizaje, vuelo, avión: **aeropuerto**.

6. Levantarse, ordenador, aburrido, interesante, anuncio, sueldo, jefe, currículo: **trabajo**.

7. Doblar, música, vestuario, guión, cámara, director, productor, actor, Harrison Ford: **cine**.

8. Ciudad, caja, estantería, dependiente, cuento, relato, filosofía, historia, biografía, libros: **librería**.

LECCIÓN 14

PRESENTACIÓN, página 169

 a) Pida a los alumnos que observen las fotos y que las describan.

Pregúnteles qué relación creen que existe entre Alicia y Roberto.

Si quiere, puede pedirles que tapen los diálogos y que sugieran los textos de los bocadillos. Vaya escribiendo en la pizarra las propuestas que reciben la aprobación de la clase.

b) Respuestas:

Roberto: Como ves, no es difícil. (7)
Alicia: Es verdad, y es estupendo. (2)

Alicia: ¡Ay! (4)
Roberto: ¡Cuidado! (6)

Roberto: ¿Te hiciste daño? (1)
Alicia: ¿Tú? Ya te avisé. Ahora no te enfades conmigo. (5)

Roberto: ¿Por qué debo enfadarme? Nunca he tenido una caída tan agradable. (3)

Asegúrese de que hayan entendido todo y pregúnteles si quieren modificar la respuesta a la pregunta «¿Qué relación existe entre ellos?» (Ver actividad **1a.**)

c) Pida a los alumnos que especulen sobre la continuación de la historia.

ACTIVIDADES 2-4

OBJETIVOS COMUNICATIVOS	GRAMÁTICA
Hablar de acontecimientos pasados y relacionarlos: situación anterior a un momento en el pasado.	Pretérito pluscuamperfecto Contraste: pretérito imperfecto/pretérito indefinido/pretérito pluscuamperfecto.

 a) Pida a los alumnos que observen las fotos y hablen de la posible relación que tienen con Roberto y Alicia los nuevos personajes.

Los alumnos deben escuchar la grabación y responder a las preguntas del Libro del Alumno. Pídales que anoten la identidad de cada uno de los personajes.

Alejandro: padre de Roberto, jefe de Alicia y de Melisa.

Melisa: secretaria de Alejandro, celosa de Alicia.

Después de la muerte de su padre, Alicia había dejado su pueblo y se había marchado a Caracas. Allí había encontrado trabajo en la empresa de Alejandro Grande, que se enamoró de ella nada más conocerla. Sin embargo, Alicia se sentía atraída por Roberto, el hijo de su jefe. Nada había perturbado su relación hasta el día en que Melisa, la secretaria de Alejandro, locamente enamorada de él, se enteró de que Alicia y Roberto habían pasado el día juntos. En un ataque de celos, Melisa, que conocía los sentimientos de Alejandro por Alicia, se lo contó todo. Éste se enfadó, ya que Alicia siempre se había negado a salir con él, y, celoso de su propio hijo, decidió hablar con él y decirle que Alicia había intentado seducirle...

b) Asegúrese de que los alumnos entiendan las frases. Vuelven a escuchar la grabación y deciden qué acontecimientos ocurrieron primero.

Respuestas:

— El padre de Alicia murió. Alicia se marchó a Caracas.
— Alicia encontró trabajo. Alejandro se enamoró de ella.
— Roberto y Alicia pasaron el día juntos.

— Melisa se enteró de la relación entre Roberto y Alicia.
— Alicia se negaba a salir con él. Alejandro se enfadó con él.

Explique el **Fíjate**. Vuelva a poner la grabación (hasta «pasado el día juntos»), parándola después de cada frase, y pida a los alumnos que anoten las frases. Luego, con la ayuda de los alumnos, escriba el texto en la pizarra. Cuando lo hayan leído, remítales de nuevo al **Fíjate** para que comprueben los usos de los tiempos verbales.

Si quiere, puede ampliar esta actividad de la siguiente manera:

Diga a los alumnos que vuelvan a leer el texto de la pizarra. Luego borre algunas palabras del texto, sustituyéndolas con una línea, y pida a un alumno que lea en voz alta todo el texto (incluyendo las palabras borradas). Seguidamente quite otras palabras y pida a un alumno que «lea» el texto. Se repite el proceso hasta llegar a la lectura de un texto invisible.

Sugerimos que se quiten las palabras en el siguiente orden:

— nombres
— sustantivos
— adjetivos
— adverbios
— verbos o verbos auxiliares (dejando «se»)
— preposiciones, etc.

Si considera que la actividad se está prolongando demasiado, puede darla por terminada antes de llegar al texto invisible. Pero en este caso asegúrese de llegar a suprimir las formas verbales, dado que se pretende precisamente que los alumnos se fijen en este aspecto. No olvide poner una raya sustituyendo a las palabras para que los alumnos siempre sepan cuántas faltan.

3 Primero haga una lluvia de ideas para repasar el vocabulario relacionado con las tareas domésticas. Los alumnos, en grupos, tienen cinco minutos para hacer una lista de todas las palabras/expresiones relacionadas con el tema. En la puesta en común anote las expresiones en la pizarra.

Después hable con ellos de lo que hacen/hacían los alumnos cuando sus padres no están/no estaban en casa. (O lo que hacen sus hijos cuando ellos no están.)

Cuando vuestros padres no están/estaban en casa, ¿hacéis/hacíais algo especial?
¿Dais/Dabais alguna fiesta?
¿Habéis tenido alguna vez algún problema por este motivo?
¿Qué ocurrió?
Observad el dibujo. ¿Qué ha ocurrido?

Remita a los alumnos a la actividad **3a).**

4 **b)** En esta actividad, los alumnos deben intentar describir las circunstancias en las que ocurrió un determinado hecho en el pasado, o los hechos anteriores al acontecimiento propuesto.

ACTIVIDADES 5-7

OBJETIVOS COMUNICATIVOS	GRAMÁTICA
Hablar de las consecuencias de un suceso. Hablar de la causa o circunstancias previas a un suceso.	Oraciones consecutivas: *así que, con lo cual, con que, de modo que, por tanto.* Oraciones causales: *como, ya que, puesto que.*

5 **a)** Antes de emparejar las frases con los dibujos, anime a los alumnos a describir los dibujos y especular sobre lo ocurrido.

Remita a los alumnos al **Fíjate** y centre su atención en el dibujo de Laura y Luis Alfonso.

Después anime a los alumnos a formular sugerencias sobre las razones de Luis Alfonso para casarse. Escriba las sugerencias (cuanto más disparatadas mejor) en la pizarra:

Por ejemplo:

Quería tener hijos.
No quería vivir solo, etc.

Luego incite a los alumnos a producir frases del tipo:

Luis Alfonso quería tener hijos, así que/ de modo que se casó con Laura.

b) Los alumnos, sin la ayuda del profesor, repiten el mismo proceso respecto a los otros dibujos.

6 **a)** Haga una demostración a los alumnos:

Por ejemplo:

..., le llamé yo.
Juan no me llamó, así que le llamé yo.
Mi madre no había llamado al médico, de modo que le llamé yo, etc.

Después de realizar la actividad, las parejas deben contrastar sus ideas con la clase.

b) Los alumnos deben escuchar la grabación y comprobar si algunas de sus respuestas coinciden con las frases propuestas.

A. *Como no me había llamado, le llamé yo.*

B. *Como no había comida en casa, decidimos salir a cenar.*

C. *Como no me gustaban los trajes, no compré ninguno.*

D. *Me marché directamente ya que se había enfadado conmigo.*

E. *Como había huelga de Metro, me fui en taxi.*

F. *Ya que Claudia no quiso casarse conmigo, me casé con Laura.*

Para introducir el valor causal de «como», explique a los alumnos que van a volver a escuchar la grabación y que deben anotar la primera frase.

Compruebe si la frase es correcta y remita a los alumnos al **Fíjate** de la página 173.

c) Antes de que los alumnos anoten otras frases, anímeles a sugerir cómo terminan las frases.

Por ejemplo:

- *Como no tenía paraguas, cogí el autobús/Metro/un taxi/José Luis me dejó el suyo.*

- *Ya que querías probar este vino, te he traído una botella.*

- *Como me quedé sin gasolina, tuve que volver a casa a pie.*

d) Después de realizar esta actividad, escriba alguna de las frases en la pizarra y enseñe a los alumnos la relación entre las oraciones consecutivas y las causales.

Por ejemplo:

Causa	Consecuencia
Como no tenía paraguas	*cogí un taxi.*
No tenía paraguas	*así que cogí un taxi.*

Luego puede proponer que transformen las frases de la pizarra en consecutivas.

7 **a)** Toda la información es verdadera.

b) Los alumnos leen el texto y deciden lo que es falso.

c) Anime a los alumnos a escribir su versión de la historia y, al hacerlo, a utilizar oraciones causales y consecutivas.

Si los personajes propuestos no les inspiran, pueden pensar en otros, de la época moderna (siempre y cuando hayan muerto) o en alguno de su preferencia.

ACTIVIDADES 8-10

OBJETIVOS COMUNICATIVOS	GRAMÁTICA
Expresar extrañeza o sorpresa.	*Qué raro que/Me extraña que* + pretérito perfecto de subjuntivo.
Expresar satisfacción o alegría.	*Qué bien que/Alegrarse de que* + pretérito perfecto de subjuntivo.
Expresar insatisfacción o contrariedad.	*Sentir que/Lamentar que* + pretérito perfecto de subjuntivo.

8 **a)** Pida a los alumnos que observen los dibujos. Hágales preguntas del tipo:

¿Cómo se encuentran los personajes de los dibujos?
¿Están contentos o tristes?
¿Por qué?
¿De qué hablan?

Remítales a la actividad del Libro del Alumno.

Respuestas:

1 = A, 2 = C, 3 = B.

Antes de leer el **Fíjate**, escriba las siguientes frases en la pizarra y pida a los alumnos que emparejen los diálogos con los dibujos:

¡Lamento que no hayas podido venir! (2)
¡Qué raro que no te haya llamado Fernando! (3)
¡Qué extraño que no te haya llamado! (1)

Remita a los alumnos al **Fíjate**. Anímelos a ayudarle a completar la tabla del pretérito perfecto de subjuntivo partiendo del contenido del **Fíjate** y de los diálogos, y de su experiencia del español:

(yo) haya
(tú) hayas
(él/ella/usted) haya
(nosotros) hayamos
(vosotros) hayáis
(ellos/ellas/ustedes) hayan

9 Después de realizar la actividad propuesta, anime a los alumnos a sugerir otras frases parecidas:

Por ejemplo:
¡Qué bien que hayas llamado!
Me alegro de que hayas podido coger unos días de vacaciones, etc.

10 Las tarjetas de **A** y **B** son iguales. Sería mejor si usted llevara fotocopias de las tarjetas a clase para que los alumnos descubran, según vayan hablando, que están en la misma situación, sin haber caído en la tentación de leer la tarjeta de su compañero.

Una vez que terminen la actividad, pida a una pareja que represente la situación delante de la clase.

ACTIVIDADES 11-14

OBJETIVOS COMUNICATIVOS	GRAMÁTICA
Hablar de transmisión de información. Hablar del destinatario de un objeto o acción. Relativizar una opinión.	Por/Para

11 **a)** Centre la atención de los alumnos en el dibujo. Cuando hayan leído los diálogos, anímeles a especular sobre la identidad de los vecinos, sus ocupaciones, las relaciones entre ellos, etc.

b) A. *¿Que quiere alquilar un piso?*
B. *¡No ves que estoy hablando por teléfono!*
C. *Oye, mándaselo por fax.*
D. *Para mí, las películas de acción.*

E. *Me he enterado por Víctor.*
F. *¡Qué extraño!*
G. *¡Taxi para el señor Izquierdo!*

12

a) Remita a los alumnos a la lista de palabras de la actividad 12b). Pídales que escuchen la grabación y que decidan si la segunda letra de cada palabra es una «s» o una «x».

b) Advierta a los alumnos que las letras que faltan pueden ser: **s, x, c, q** y **u**.

escéptico	*estéreo*
extraordinario	*externo*
experimento	*especial*
escalera	*excepción*
esclavo	*exclama*
exhausto	*examen*
existir	*esquina*
esquema	*escena*

13

a) En esta actividad se pretende centrar la atención de los alumnos en diferentes usos de **por** y **para**.

Respuestas:

— **Para** mí, las películas de acción...
— La señorita Jacinta (un ramo **para** la señorita Jacinta).
— **Por** fax, **por** teléfono, **por** Víctor.

Al leer el **Fíjate**, pida a los alumnos que intenten identificar los usos de **por** y **para** (dos en el caso de **para**).

c) **Respuestas:**

correo: por
mensajero: por

la radio: por
el secretario: por/para
mi madre: por/para
mí: para /por
ti: para/por
la ventana: por
ellos: para/por
Juan: para/por
la televisión: por
un anuncio: por

14

b) Indique a los alumnos que el poema contiene algunos usos de **por** que han visto en lecciones anteriores.

Los diferentes significados de **por** y **para** son:

por ella atravesé... (a causa de)
y elegí **para** ella... (destinataria)
por carta... (transmisión de información)
para mí... (en mi opinión)
por agua... (atravesar)
para ella... (destinataria)
que **por** la tinta... (transmisión de información)
para ella... (en su opinión)
por sus amigos... (transmisión de información)
por otro amor... (a causa de)

c) Los alumnos realizan esta actividad en grupos o parejas.

Después se podrían poner todos los poemas en una cartulina y exponerlos en la clase.

AL HABLA, A LA ESCUCHA, A LA LÍNEA, POR ESCRITO

15

a) Pida a los alumnos que lean rápidamente el primer texto y decidan a qué tipo de publicación pertenece.

La respuesta es fotonovela, aunque también podría ser de una revista, o de la programación de radio o televisión.

Pregúnteles por las fotonovelas:

¿Existen las fotonovelas en tu país?
¿Cómo son?

¿Las habéis leído alguna vez?
¿Y qué opináis de la novela rosa?, etc.

b)

Laura: *María, ¿adónde vas tan deprisa?*
María: *Laura, ¡que ha vuelto Guido!, ¡he visto su coche! ¡Guido! ¡Has vuelto!*

90

Guido:	*Pero bueno, no te pongas así, si sólo llevo tres días fuera de casa...*
María:	*Para mí, tres días son una eternidad. Y además, si te fueras sólo de vez en cuando..., pero no haces más que viajar.*
Guido:	*¿Y crees que me divierte? Sabes que son compromisos de trabajo; eso es prioritario, niña.*
María:	*¡Jo!, acabas de llegar y ya estás con tus papeles...*
Guido:	*Sé buena, María, vete a tu cuarto y déjame trabajar. Ya sé que tú no tienes nada que hacer, pero yo...*
María:	*Pronto estaré muy ocupada y no te molestaré...*
Guido:	*Me alegro de que hayas entrado en razón y quieras ir a la universidad...*
María:	*No, no pienso ir a la universidad. Presentaré la solicitud para ser azafata...*
Guido:	*Quítate esa idea de la cabeza, ni hablar...*
	Cambio de escena.
Laura:	*¿Se lo has dicho?*
María:	*Naturalmente.*

Laura:	*¿Y qué ha respondido?*
María:	*Que no.*
Laura:	*Ya lo sabía yo, y le doy la razón. Más vale que estudies antes de lanzarte a viajar por esos mundos...*
María:	*Olvidas que dentro de dos meses seré mayor de edad, cumplo dieciocho años y entonces podré hacer lo que me dé la gana. Guido es mi tutor, no mi padre.*

La **respuesta** es el texto **B)**.

Podría hacer a la clase alguna pregunta general.

Por ejemplo:

¿Por qué está tan contenta María?
¿Dónde estaba cuando llegó Guido?, etc.

c)

Respuestas:

1. F (le parece una eternidad).
2. V
3. V
4. F (lo será dentro de dos meses).
5. F (es su tutor).
6. V

PARA TODOS LOS GUSTOS

Página 180

Respuestas:

1. Era una mujer emprendedora y decidida. Tenía algo de una mujer de circo. Había viajado mucho. Era un poco sorda y con los ojos muy ajaponesados. Siempre tenía una perrita al lado.

   Efectivamente, el narrador la admira, según queda demostrado por la descripción en sí, y sobre todo por las palabras «emprendedora y decidida» e «¡inolvidable mujer fuerte aquélla!».

3. Porque temía que le hicieran bajarse del tren con el cadáver en algún pueblo en donde sería muy complicado organizar el traslado del muerto a la capital.

Página 181

Respuestas:

1. En verano. Cuando habla de «la fiesta», el narrador sugiere que lo estaban pasado muy bien hasta que llegó la señora Forbes.

2. Nadaba casi todo el día y, por la noche, iba a cazar ratas a la casa de una de las sirvientas.

3. Institutriz.

4. El profesor de natación submarina.

Haga fotocopias de los siguientes diálogos, mézclelos y repártalos a los alumnos (una frase por alumno). Éstos deben aprender su frase de memoria. Después deben circular por la clase en busca de la otra mitad de su diálogo.

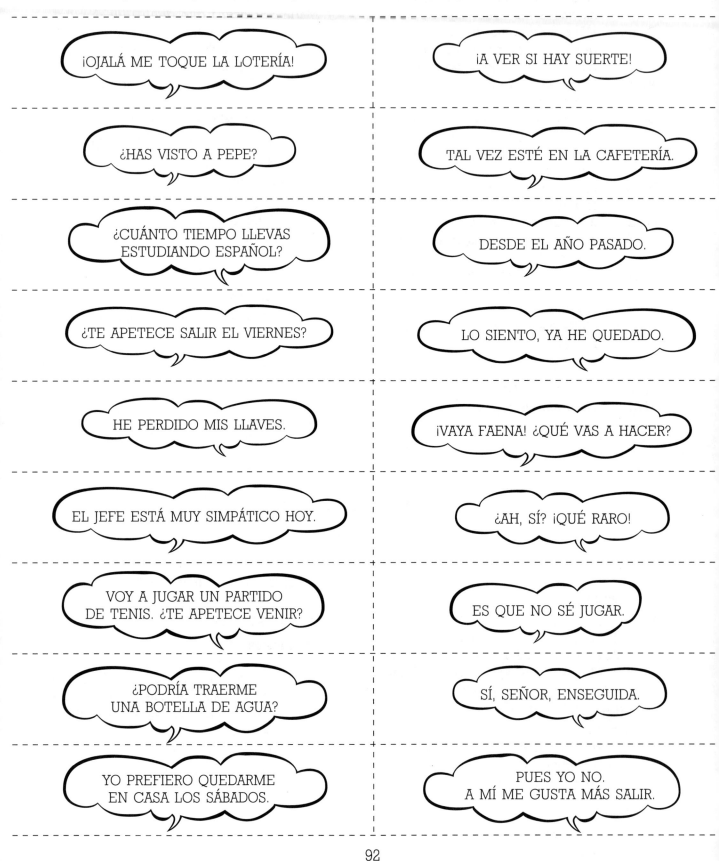

¡OJALÁ ME TOQUE LA LOTERÍA!

¡A VER SI HAY SUERTE!

¿HAS VISTO A PEPE?

TAL VEZ ESTÉ EN LA CAFETERÍA.

¿CUÁNTO TIEMPO LLEVAS ESTUDIANDO ESPAÑOL?

DESDE EL AÑO PASADO.

¿TE APETECE SALIR EL VIERNES?

LO SIENTO, YA HE QUEDADO.

HE PERDIDO MIS LLAVES.

¡VAYA FAENA! ¿QUÉ VAS A HACER?

EL JEFE ESTÁ MUY SIMPÁTICO HOY.

¿AH, SÍ? ¡QUÉ RARO!

VOY A JUGAR UN PARTIDO DE TENIS. ¿TE APETECE VENIR?

ES QUE NO SÉ JUGAR.

¿PODRÍA TRAERME UNA BOTELLA DE AGUA?

SÍ, SEÑOR, ENSEGUIDA.

YO PREFIERO QUEDARME EN CASA LOS SÁBADOS.

PUES YO NO. A MÍ ME GUSTA MÁS SALIR.

LECCIÓN 15

PRESENTACIÓN, página 183

1 a) Antes de que la clase observe la página 183, escriba las siguientes palabras en la pizarra y pida a los alumnos que las clasifiquen en dos columnas según el tema:

contaminación
pelo
lluvia ácida
deforestación
sangre
rostro
capa de ozono
incendio
venas
reciclar
piel
polución
residuos
metabolismo
marea negra

Los dos temas son: el cuerpo humano y la ecología.

En el momento de la puesta en común, asegúrese de que los alumnos hayan entendido todo el vocabulario.

b) **Respuestas:**

La Tierra está enferma por:
los incendios;
la lluvia ácida;
la desertización;
la contaminación de los ríos y mares;
los residuos y las basuras sin reciclar;
los gases (efecto invernadero).

c) **Respuestas:**

El agua y el aire están contaminados.
La capa de ozono está deteriorada.
Los bosques están quemados/contaminados.

ACTIVIDADES 2-5

OBJETIVOS COMUNICATIVOS	GRAMÁTICA
Hacer definiciones. Informar sobre el contenido o la materia. Describir estados permanentes de objetos, lugares y personas. Describir circunstancias o estados temporales de objetos, lugares y personas.	Verbos **ser** y **estar**.

2 a) Introduzca la actividad centrando la atención de los alumnos en los dibujos: *¿Cuáles representan cosas nocivas para el medio ambiente? ¿Qué podemos hacer para contribuir a salvar la Tierra?*

Los alumnos, en parejas, deben leer las frases y decidir si son verdaderas o falsas. Después deben contrastar sus opiniones con las de la clase.

b) Pida a los alumnos que tapen el **Fíjate** y anímeles a sugerir una regla/unas reglas con respecto a los usos de «ser» y «estar» en estas frases. Remítales al **Fíjate** para que comprueben si han acertado o no.

3 Después de realizar esta actividad, podría realizar un debate. Se divide la clase en dos grupos. Uno de ellos debe pensar en argumentos en favor de un tema, y el otro, en argumentos en contra.

Posibles temas:

— Los viajes organizados.
— El uso obligatorio de la bicicleta en las grandes ciudades.
— Fumar.
— La legalización de las drogas.
— Un único idioma mundial.

Dé a la clase unos 10-15 minutos para preparar sus argumentos. Cuando un grupo expone sus argumentos, el grupo contrario no debe interrumpir, sino anotar los puntos que quiere cuestionar una vez terminadas las exposiciones.

4 **a)** Antes de poner la grabación, centre la atención de los alumnos en el dibujo y asegúrese de que sepan los nombres de todos los elementos que aparecen en él. Luego, si quiere, puede pedirles que tapen el dibujo y que anoten cuántas cosas recuerdan del dibujo.

Los alumnos deben escuchar la grabación y relacionar las sugerencias con los muebles, etc.

— *Las puertas y los muebles de las habitaciones deben ser de madera.*

— *Las cortinas y la ropa de cama deben ser de tejidos naturales.*

— *La ducha es mejor que el baño, así ahorras agua.*

— *Antes de salir, asegúrate de que los grifos están cerrados, y las luces, apagadas.*

— *La terraza debe estar llena de plantas.*

— *Cuando compres productos de limpieza, comprueba que no son tóxicos.*

— *La basura debe ser diferenciada: recicla los envases que estén vacíos.*

— *La televisión debe estar a una distancia prudente para evitar las radiaciones nocivas.*

— *No tires las pilas: si están gastadas, deposítalas en un contenedor.*

— *Las ventanas deben ser dobles y estar bien cerradas.*

— *La casa debe estar bien orientada para aprovechar la luz y ventilada.*

— *Utiliza bombillas halógenas: son de buena calidad y ahorran energía.*

— *Si quieres demostrar que estás a favor de lo natural, tú debes estar atento a lo que compras, y tu coche, aparcado.*

4 **b)** Antes de que los alumnos escuchen la grabación por segunda vez, asegúrese de que entiendan todas las palabras de la lista.

c) En esta actividad se pretende que los alumnos reutilicen el vocabulario visto en las actividades anteriores. Vuelva a insistir en el uso correcto de los verbos «ser» y «estar».

5 Con este ejercicio de pronunciación, los alumnos deben distinguir entre los sonidos /ê/, /θ/, /t/ y /k/, representados por las letras **ch, c, t** y **q**.

a)

cielo	*Chelo*
cierno	*tierno*
Chema	*quema*
tierra	*cierra*
cheque	*quiere*
choque	*toque*

c) Después de que los alumnos hayan repetido las frases, podría pedirles que las vuelvan a escuchar y las anoten.

Chelo es un cielo.
Estáte quieto.
Es un chico ciego.
Un cierto hechizo checo.
El chico quiere el cheque.
Un tierno choque.
Un cierto toque.
Chema lleva a Chelo.

ACTIVIDADES 6-9

OBJETIVOS COMUNICATIVOS	GRAMÁTICA
Hablar de hipótesis no realizables en el presente y de sus consecuencias.	Pretérito imperfecto de subjuntivo. Oraciones condicionales hipotéticas: *Si/En caso de* + pretérito imperfecto de subjuntivo/condicional.

6 Hable del dibujo con los alumnos. Anímeles a especular sobre el contenido del diálogo. Al leer y escuchar el diálogo deben encontrar la respuesta a las siguientes preguntas: *¿A qué asociación pertenece la entrevistadora?*
¿Qué quiere saber?

a)

— *Hola, buenos días. ¿Tenéis un momento? Mirad, pertenezco a la asociación ecologista «Árbol», y estamos repartiendo información sobre protección del medio ambiente.*

• *Ah, sí, ya he visto los carteles por ahí.*

— *¿Os importaría que os hiciera unas preguntas?*

• *No, claro que no, pero ¿no nos vas a dar tú la información?*

— *Bueno, primero me gustaría saber si conocéis las consecuencias de lo que está ocurriendo a nuestro alrededor. Por ejemplo, ¿sabéis qué ocurriría si hubiera otro accidente nuclear como en Chernóbil?*

• *Pues que la radiactividad provocaría muchas enfermedades...*

— *Y además la lluvia ácida destruiría más bosques...*

• *Y entonces aumentaría el efecto invernadero de la contaminación.*

— *¿Y además?*

• *¿Todavía más? Pues no sé, desde luego si aumentara la contaminación en las ciudades, ya no se podría respirar, habría que salir a la calle con mascarilla.*

— *Pero es que por otra parte, en caso de que aumentase la temperatura de la atmósfera, subiría el nivel del mar, con lo cual desaparecerían muchas islas, parte de las costas y...*

• *No sigas, que nos vamos a deprimir.*

— *¿Me puedes dar un folleto? Yo quiero saber lo que debería hacer para evitar todo esto...*

• *Sí, claro, tomad, uno para cada uno, leedlo con atención; hay muchas cosas que podríais hacer...*

Los alumnos deben volver a leer y/o escuchar el diálogo y buscar las tres oraciones condicionales que allí aparecen:

¿Sabéis qué ocurriría si hubiera otro accidente nuclear como en Chernóbil?

Si aumentara la contaminación en las ciudades, ya no se podría respirar.

En caso de que aumentase la temperatura de la atmósfera, subiría el nivel del mar.

Explique a la clase que «en caso de que» introduce una hipótesis considerada más remota por el hablante que «si».

Remítales al **Fíjate** y explíqueles que se pueden utilizar las dos formas del imperfecto de subjuntivo indistintamente. Pídales que tapen el apartado del Búho y escriba algunos verbos (en infinitivo) en la pizarra. Los alumnos deben escribir el imperfecto de subjuntivo de dichos verbos.

Por ejemplo:

hablar (yo)	beber (él)
decidir (nosotros)	ser (tú)
poder (ellos)	crecer (vosotros)
comer (tú)	repartir (nosotros)
tomar (vosotros)	saber (yo)
venir (ella)	pedir (ellos)

Compruebe las respuestas con la clase.

b) Respuestas:

Se mencionan tres consecuencias:

— La radiactividad provocaría muchas enfermedades.
— La lluvia ácida destruiría más bosques.
— Aumentaría el efecto invernadero por la contaminación.

7 **a)** Los alumnos deben escuchar la grabación una vez antes de completar el cuadro.

A. *Si reciclases la basura.*
B. *Si reutilizáramos los envases.*
C. *respetarías la naturaleza.*
D. *Si redujeras el consumo de agua.*
E. *ahorraríais energía.*
F. *reducirías la contaminación.*
G. *Si reciclásemos, redujéramos y reutilizásemos.*
H. *ahorraríamos y respetaríamos.*

95

Respuestas:

Si + pretérito imperfecto	Condicional
A	C
B	E
D	F
G	H

8 Primero hable con los alumnos de la primera foto. *¿Qué les sugiere? ¿Qué podríamos hacer para que esto no ocurriera?* Escriba las sugerencias en la pizarra.

Después, los alumnos, en grupos, deben hablar de las fotos y sugerir soluciones a los diferentes problemas.

 9 Esta actividad pretende abrir un pequeño debate sobre las posibles reacciones ante determinados acontecimientos. Una vez que los alumnos hayan hablado de lo que harían, pregúnteles si alguna de estas cosas les ha ocurrido alguna vez.

ACTIVIDADES 10-12

OBJETIVOS COMUNICATIVOS	GRAMÁTICA
Expresar objetiva y subjetivamente lo necesario. Hablar de lo innecesario.	*Tener que* (condicional) + infinitivo. *Deber* (condicional) + infinitivo. *No hace falta/No es necesario/No es preciso* + infinitivo. *No hace falta/No es necesario/No es preciso* + *que* + subjuntivo.
Hablar de la necesidad de no hacer algo.	*No hay que* + infinitivo.

10 Primero, los alumnos deben escuchar la grabación y emparejar los diálogos con los dibujos. Después deben comprobar sus respuestas con las de un compañero.

📼 1. — *No es por nada, pero deberías comer menos, lo digo por tu salud...* (Dibujo número 6.)

2. — *Que no hay que comer carne y tendrías que hacerte vegetariana.*
   • *Bueno, no es necesario que te enfades; si te gustase el pollo tanto como a mí, ya me contarías...* (Dibujos números 4 y 5.)

3. — *¿Y ahora qué pasa? Si la acaban de arreglar en el taller...*
   • *Pues deberías hacer una reclamación.* (Dibujo número 2.)

4. — *¿Qué le ha pasado?*
   • *Que se ha desmayado. Tendríamos que avisar a un médico.* (Dibujo número 1.)

5. — *Oye, chaval, que no hay que tirar las pilas, que contaminan.*
   • *Bueno, no hace falta que se ponga así...*
   — *Deberían estar prohibidas...* (Dibujo número 3.)

Vuelva a poner la grabación, parándola después de cada situación, y pida a los alumnos que anoten el consejo dado en cada una de las tres primeras.

Repita el proceso con el diálogo 4. En esta ocasión, pídales que anoten las primeras dos frases del diálogo. Después podría hacerles las siguientes preguntas:

¿Qué expresión significa «no es necesario»? (No hace falta.)
¿Qué expresión sugiere que no se debe hacer algo? (No hay que.)

Remita a los alumnos al **Fíjate** y explíqueles que «tendría que/debería» se utilizan para dar recomendaciones o consejos, «no hace falta» implica que una acción no es necesaria y «no hay que» expresa prohibición o la necesidad de no hacer algo.

 11 Introduzca la actividad explicando un problema suyo a la clase y animando a los alumnos a darle consejos.

Por ejemplo:

(Ponga cara de aburrido/a y exagere todo lo que quiera.)

No sé qué hacer. Estoy aburrido/a. Todos los días lo mismo: de casa al trabajo, del trabajo a casa, la televisión, la cena y a la cama. Y luego otra vez a levantarse, a trabajar, a casa, la televisión, la cena y a la cama...

Después, los alumnos deben realizar la actividad.

12 **a)** Asegúrese de que los alumnos entiendan el vocabulario y explíqueles que tienen la oportunidad de planificar su ciudad ideal.

Sin embargo, deberían incluir todos los elementos propuestos, aunque pueden colocar alguno fuera del plano, expli-

cando a qué distancia queda de la ciudad (por ejemplo, el aeropuerto).

Para repasar las preposiciones de lugar, hágales algunas preguntas:

¿Dónde pondrías tú la fábrica, X?
¿Pondrías la piscina en el centro, o cerca de la residencia, Y?

b) Los alumnos comparan sus planos con los de sus compañeros. En esta actividad se pretende que los alumnos, al criticar la ciudad de su compañero, produzcan frases como:

No deberías poner el vertedero al lado del colegio. Podría provocar enfermedades.
Tendrías que poner el hotel cerca del aeropuerto.

A LA ESCUCHA, AL HABLA, A LA LÍNEA, POR ESCRITO

13 **a)** Escriba en la pizarra «cien millones de pesetas» y pregunte a los alumnos si saben a cuánto equivale dicha cantidad en su moneda.

Remita a los alumnos a la actividad **13a)** y asegúrese de que entiendan todas las afirmaciones.

c) **Posibles respuestas:**

— Ana Torroja tuvo mucho dinero y se lo gastó (aunque sigue teniendo dinero —el grupo Mecano tiene mucho éxito en España—).

— Serafín Zubiri es el más generoso, dado que daría la mayor parte del dinero a una fundación.

— Paco Clavel es el más materialista, dado que gastaría casi todo en compras.

— Ninguno de ellos dejaría de trabajar.

— Ayudarían a los demás todos menos Paco Clavel.

— Paco Clavel se compraría una casa.

Después pregunte a los alumnos qué persona les cae mejor y por qué.

d) Si quiere, cuando los alumnos hayan escrito sus respuestas a las preguntas, podría recogerlas, mezclarlas y volverlas a

repartir. Cada alumno lee la respuesta que le ha tocado y sus compañeros intentan adivinar quién la escribió.

14 **a)** Antes de poner la grabación, asegúrese de que los alumnos entienden el diálogo.

Entrevist.: *Tú, Chusa, ¿qué harías?*
Chusa: *Huy, yo no me iría ni loca, me quedaría tan a gusto en mi planeta. Eso sí, si pudiera escoger una ciudad, me iría a vivir a París...*
E: *Andrés, imagínate, tú el más poderoso durante un día.*
Andrés: *¡Qué difícil me lo pones! Yo creo que intentaría firmar la paz de todas las guerras del mundo.*
E: *Sonia, ¿te gustaría conocer a un extraterrestre?*
Sonia: *En caso de que existieran, desde luego. Es más, no me importaría nada irme con él unos días... No sé de qué os reís, ¿vosotros no lo haríais?*
Todos: *Noooo.*
E: *Oye, Marco, imagínate por un momento que las paredes hablasen...*

Marco: *Bueno, bueno, sería una catástrofe; todo el mundo se enteraría de lo que no debe enterarse. Resultado: divorcios, broncas... No creo que a nadie le gustase..., ¿eh, Chema?*

Chema: *Oye, yo no tengo nada que ocultar...*

E: *¿Y si os pudierais reencarnar...?*

Chema: *Yo sería un árbol.*

Marco: *A mí me gustaría ser un animal, un pájaro, creo.*

Sonia: *Pues yo daría algo por reencarnarme en Madonna.*

Andrés: *A mí me encantaría ser un alga marina.*

Chusa: *Pues yo quisiera volver a ser yo con algunas mejoras.*

Respuestas:

— Si pudieras gobernar el mundo durante un día.
— Si por casualidad las paredes hablasen.
— En caso de que os reencarnaseis.

Aunque en la grabación se habla principalmente de estos temas, también se toca el tema de los extraterrestres, así como «En caso de que se pudiera vivir en la Luna».

MATERIAL COMPLEMENTARIO

Simulación

Divida la clase en grupos de cinco o seis alumnos y explique la situación.

En la ciudad de Pascualcobo están reunidos el alcalde y los concejales del Ayuntamiento. (Escriba los nombres del alcalde y de los concejales en la pizarra.) El millonario, Don Pablo Pelas, ha muerto y ha dejado un terreno al Ayuntamiento. El alcalde y sus concejales tienen que decidir cómo aprovecharlo.

Reparta las tarjetas a los distintos miembros del grupo. Déjeles tiempo para leer sus tarjetas y para que le puedan consultar cualquier duda. Indíqueles que no deben enseñar sus tarjetas a los compañeros.

Cuando estén listos, el alcalde abre la sesión. No interrumpa a los alumnos mientras están hablando. Puede anotar los errores y comentarlos con la clase una vez terminada la actividad.

- -

Jesús Perales
Alcalde de Pascualcobo

Estás dispuesto a escuchar las opiniones de todos. Sin embargo, estás a favor de vender el terreno a una constructora porque al Ayuntamiento le hace falta dinero. No sólo recibiría el dinero de la venta, sino los impuestos que tendrían que pagar los habitantes de las casas nuevas.

María Campoy

En tu opinión, el terreno se podría utilizar para construir un centro de rehabilitación de drogadictos subvencionado por el Ayuntamiento. Hace mucha falta y los vecinos no se opondrían. También conoces a algún empresario que estaría dispuesto a contribuir. Opinas que los mismos drogadictos podrían limpiar el centro y cuidar los jardines.

Ramón Gascón

Eres el dueño del supermercado que se encuentra en frente del terreno. A ti te gustaría que se construyesen pisos porque así aumentarían las ventas. Tampoco te importaría que se utilizara para construir un polideportivo, que también atraería clientes a tu tienda.

Luis Llorens

Crees que el terreno debería utilizarse para fines sociales. Piensas que mejoraría la calidad de vida de los vecinos un parque, un polideportivo o incluso un centro para la rehabilitación de drogadictos. No estarías en contra de la construcción de pisos para familias con pocos medios.

Carmen Bernardo

En tu opinión faltan espacios verdes. El terreno podría convertirse en un parque con juegos para los niños, y bancos y mesas para los mayores. Si te dejasen poner un puesto de helados, te vendría muy bien porque andas mal de dinero. Tampoco te importaría si se construyese una piscina.

a) Respuestas:

Una copa reflejada en una mesa.
La cadena de una bicicleta.
Un conductor de coches de carrera con el casco puesto.
Unas tijeras.

 a) Se pretende que los alumnos escriban frases como las siguientes:

Espero verte pronto.
¡Ojalá tengas suerte!
Espero que tengas suerte y que sigas aprendiendo español.
Espero que tengas un profesor tan bueno como...

EVALUACIONES

1 **Evaluación oral**

Sugerimos las siguientes preguntas para las fotos:

(*El avión.*)
¿Qué es? ¿Dónde está?
¿Dónde se encuentra el aeropuerto más cercano a tu ciudad?
¿Cómo es?
¿Has viajado alguna vez en avión?
¿Te gusta?
¿Qué tipo de consejos te dan en el avión?

(*El auditorio.*)
¿Qué es?
¿Hay uno en tu ciudad?
¿Has estado en alguno?
¿Cómo son?
¿Has estado alguna vez en algún concierto?
¿Te gustan?
¿Qué consejos le darías tú a un amigo/a que va a un concierto por primera vez?

2 **Escoge la respuesta más adecuada.**

1. ¡Hola! ¿Cómo estás?

   a) Encantado.
   b) Soy alemán.
   c) Un poco tacaño.
   d) Muy bien. ¿Y tú?

2. ¿Qué es eso?

   a) Es mi padre.

   b) Un buzón.
   c) Está fenomenal.
   d) Rojo.

3. ¿Qué te parece el libro?

   a) Divertidísimo.
   b) Muy graciosa.
   c) ¡Qué divertido!
   d) Sí, me gusta.

4. Si quieres estar en forma...

   a) practique algún deporte
   b) practica algún deporte
   c) no coja el ascensor
   d) coge el ascensor

5. Llámame un día de estos.

   a) De acuerdo, ya te llamaré.
   b) Ya te he llamado.
   c) Supongo que te llamaré.
   d) Te llamé ayer.

6. Los impuestos subirán el mes que viene.

   a) ¡Vaya faena!
   b) ¡Qué divertido!
   c) ¡Vaya día!
   d) ¡Es divertidísimo!

7. ... lo pasarás muy bien.

   a) Creo
   b) Me parece
   c) Seguramente
   d) Supongo

8. Fernando ... una fiesta el sábado.

   a) van a hacer
   b) va a ir
   c) darán
   d) va a hacer

9. ¿Es tu cumpleaños? ...

   a) ¡Feliz Navidad!
   b) ¡Felicidades!
   c) ¡Menuda faena!
   d) ¡Enhorabuena!

10. Cuando ... de la estación, sigue recto.

    a) sale
    b) sales
    c) salgas
    d) salgamos

 Completa las frases:

1. ¿Quién es ... chica? ¿La conoces?
2. ... el verano ha estado en Grecia.
3. Barcelona ... una ciudad costera.
4. Málaga ... en el sur de España.
5. Si quieres ser un buen estudiante, ... los deberes.
6. Si pienso conducir, no ... alcohol.
7. ¿No te gusta el té? A mí ...
8. El autobús número 27 va ... la Plaza de Castilla ... Atocha.
9. El hotel ... a cien metros del Palacio Real.

Escribe los opuestos:

1. simpático
2. callado
3. divertido
4. norte
5. pequeño
6. moderna
7. lejos de
8. entrar
9. retirar
10. gustar

Respuestas:

1. Se le podrían adjudicar **20 puntos** a esta actividad:

   — 5 puntos para capacidad de comunicación.
   — 5 puntos para vocabulario.
   — 5 puntos para gramática.
   — 5 puntos para comprensión.

2. 1d), 2b), 3a), 4b), 5a), 6a), 7c), 8d), 9b), 10c).

   TOTAL: 10 puntos.

3. 1. esa
   2. Durante
   3. es
   4. está
   5. haz
   6. bebo
   7. me gusta (mucho)/me encanta
   8. desde ... hasta
   9. está

   TOTAL: 10 puntos (2 puntos para el número 8).

4. 1. antipático
   2. charlatán
   3. aburrido
   4. sur
   5. grande
   6. antigua
   7. cerca de
   8. salir
   9. introducir/meter/depositar/insertar
   10. odiar

   TOTAL: 10 puntos.

TOTAL DE TODA LA EVALUACIÓN: 50 puntos.

Para completar la Evaluación, podría utilizar alguna audición del Cuaderno de Ejercicios, o incluso las actividades 1a) y 1b) del Balance 1, así como alguna de las propuestas para la expresión escrita en el Cuaderno de Ejercicios.

A

B

1 **Evaluación oral**

a) ¿Puedes describir la foto?

¿En tu opinión, a qué época corresponde?

¿Cómo sabes que no se trata de una foto actual?

¿Hay otras cosas que han cambiado?

Hablemos de ti. ¿Cómo has cambiado tú en los últimos diez años?

b) ¿Puedes describir la foto?

¿En tu opinión, a qué época corresponde?

¿Cómo sabes que no se trata de una foto de hoy en día?

¿Hay otras cosas que han cambiado?

Hablemos de ti. ¿Cómo has cambiado tú en los últimos diez años?

2 **Completa las frases con la palabra o expresión adecuada:**

1. Practico el esquí ... un año
   a) —
   b) por
   c) en
   d) desde hace

2. Juan ...tres meses viviendo en Sevilla.
   a) lleva
   b) llueve
   c) llevo
   d) llega

3. Aquel chico ... las gafas es mi novio.
   a) con
   b) por
   c) de
   d) en

4. «Me he perdido el último episodio de «El último caso de Sherlock Holmes». ¡...!»
   a) Qué pasa
   b) Menuda rabia
   c) Por qué
   d) Hombre

5. ... la fruta en la cocina.
   a) Me he perdido
   b) He perdido
   c) He echado
   d) He dejado

6. «Oiga, el señor Ortega está reunido. ¿... algún recado?
   a) Quiere dejarle
   b) Por qué no le deja
   c) Puede decirle
   d) Puedo

7. Por favor, dígale que ...
   a) me llamo Pepe
   b) que llame a Pepe
   c) te llamas Pepe
   d) que llamará a Pepe

8. Cuando ... pequeño, no le gustaba jugar con chicas.
   a) era
   b) estaba
   c) fue
   d) estuvo

9. De jóvenes, mi novio y yo ... ir a bailar todos los fines de semana.
   a) fuimos
   b) solemos
   c) solíamos
   d) éramos

10. Antes era actor, pero ... hace películas.
    a) ya no
    b) sigue
    c) ahora quiere
    d) no quiere

11. ¿ ... estudiando español?
    a) Ya no
    b) Sigues
    c) Ahora quieres
    d) No quieres

12. Cuando se casó, ... de trabajar.
    a) no quiso
    b) comenzó
    c) dejó
    d) empezó

13. Mientras estudiaban, ... en casa de sus padres.
    a) vivió
    b) vivía
    c) vivieron
    d) vivían

14. En cuanto ... a casa, llamamos a Juan y a Tere.
    a) llegamos
    b) llegar
    c) llegábamos
    d) llegaremos

15. Nada más ..., supimos que estaba enfermo.

   a) le vimos
   b) viéndole
   c) verle
   d) le veamos

16. Se ... conocimientos de informática.

   a) hace falta
   b) tiene que
   c) hay que
   d) requieren

17. ¿ ... hace que estudia español?

   a) Desde cuándo
   b) Cuándo
   c) Cuánto tiempo
   d) A qué hora

18. ... tiene más de veinticinco años.

   a) Ninguno
   b) Ambos
   c) Todos
   d) Los dos

19. El 80 % de la clase habla muy bien español. Es decir, ...

   a) casi nadie
   b) la mayoría
   c) la mitad
   d) todos

20. ¿A qué hora te levantas? ...

   a) Nunca me levanto.
   b) Hombre, suelo levantarme pronto.
   c) Me levantaba a las ocho.
   d) Me levantaré a las ocho mañana.

3 **Escribe estas frases de otra manera, sin cambiar el significado:**

1. Suelo hacer la compra los sábados.
   Normalmente ....

2. ¿Desde cuándo practica parapente?
   ¿Cuánto tiempo ....?

3. He olvidado las llaves en casa.
   Me ....

4. Dile que le ha llamado Yolanda.
   ¿Puedes ....?

5. La gente bailaba rock en aquella época.
   Se ....

6. Dábamos un paseo antes de comer.
   Solíamos ....

7. Todavía juego al fútbol.
   Sigo ....

8. He dejado de fumar.
   Ya no ....

9. Me compraron un coche cuando estaba de vacaciones.
   Mientras ....

10. Nada más abrir la puerta lo vi.
   En cuanto ....

4 **Escribe otras cuatro palabras en cada caso.**

— Deportes:
   fútbol, ...

— Material deportivo:
   raqueta, ...

— Gentilicios hispanoamericanos:
   argentino, ...

— Palabras relacionadas con el trabajo:
   jefe, ...

— Verbos relacionados con las tareas domésticas:
   fregar, ...

Respuestas:

1. Ver distribución de puntos sugerida en la Evaluación 1.
   TOTAL: 20 puntos.

2. 1d), 2a), 3a), 4b), 5d), 6a), 7b), 8a), 9c), 10a), 11b), 12c), 13d), 14a), 15c), 16d), 17c), 18a), 19b), 20b).
   TOTAL: 20 puntos.

3. 1. Normalmente hago la compra los sábados.
   2. ¿Cuánto tiempo lleva haciendo/practicando parapente?
   3. Me he dejado las llaves en casa.
   4. ¿Puedes decirle que le ha llamado Yolanda?
   5. Se bailaba rock en aquella época.
   6. Solíamos dar un paseo/pasear antes de comer.
   7. Sigo jugando al fútbol.
   8. Ya no fumo.
   9. Mientras estaba de vacaciones me compraron un coche.
   10. En cuanto abrí la puerta lo vi.
   TOTAL: 20 puntos.

4. **TOTAL: 20 puntos.**

TOTAL DE TODA LA EVALUACIÓN: 80 puntos.

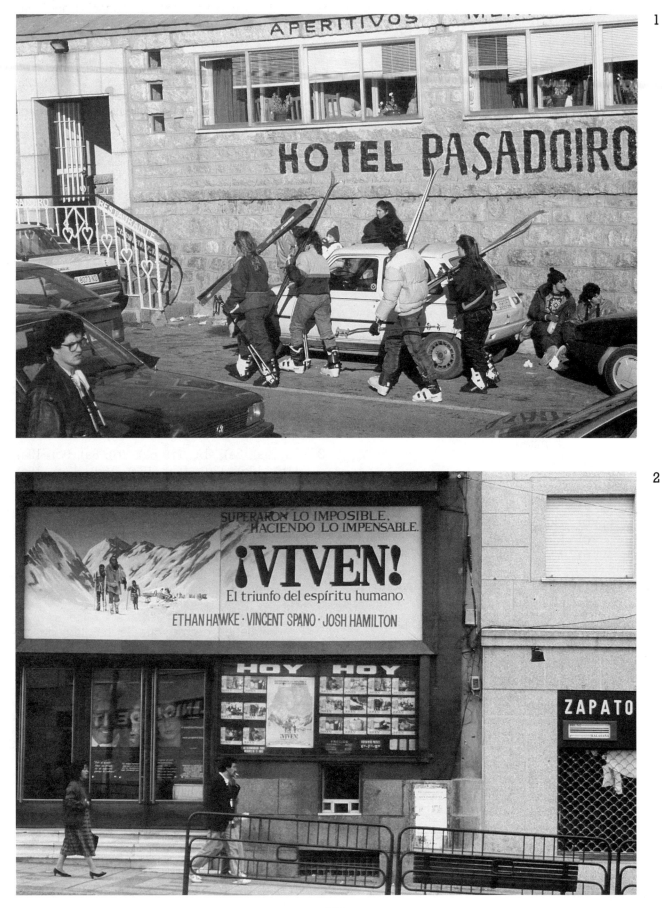

Evaluación oral

Posibles preguntas para las fotos.

Foto 1

¿Puedes describir la foto?

¿De qué tipo de lugar se trata?

¿Qué dirías si quisieras reservar una habitación en este hotel?

Cuando estás de vacaciones, ¿qué tipo de alojamiento prefieres? ¿Por qué?

¿Te gustan los *campings*? Según tu opinión, ¿cuáles son sus ventajas y desventajas?

Foto 2

¿Puedes describir la foto?

¿Qué tipo de película ponen?

Imagina que me quieres invitar al cine. ¿Qué me dirías?

¿Vas mucho al cine?

¿Qué tipo de películas prefieres? ¿Por qué?

¿Alguna vez ves películas en vídeo?

Según tu opinión, ¿cuáles son las ventajas y desventajas del vídeo?

❷ Completa las frases con la palabra/expresión más adecuada.

1. ... quedamos esta semana.
   a) Ojalá
   b) Espero que
   c) A ver si
   d) Es posible que

1. Puede que ... el sábado.
   a) nos vemos
   b) nos veamos
   c) nos vimos
   d) nos veíamos

3. María tiene muy claro lo que quiere hacer. Quiere ... filosofía.
   a) estudiar
   b) que estudie
   c) que estudiase
   d) haber estudiado

4. Estoy ahorrando dinero ... comprar un regalo a mi madre.
   a) para
   b) por
   c) porque
   d) para que

5. Chema y Consuelo conocen Francia muy bien ... visitan a unos amigos suyos en Nimes todos los años.
   a) para
   b) por
   c) porque
   d) para que

6. ¿Os apetece ... la exposición en el Centro Reina Sofía?
   a) ir
   b) visitar
   c) visitar a
   d) venir

7. ¿Te apetece que vayamos al concierto de Pelospunta? ...
   a) ¡Ojalá!
   b) ¿Qué día?
   c) Me encantaría
   d) Yo casi preferiría ir con Juan.

8. No puedes sacarte el carné de conducir en España con ... dieciocho años.
   a) más de
   b) más que
   c) menos que
   d) menos de

9. En mi opinión, el cine es ... entretenido como el teatro.
   a) igual de
   b) más
   c) tan
   d) menos

10. Paloma, hoy ... guapísima con ese vestido.
    a) eres
    b) fuiste
    c) estás
    d) estuviste

11. Marlon Brando ... un actor muy bueno.
    a) está
    b) es
    c) sería
    d) estaría

12. Buenos días. ... pilas, por favor.
    a) Me gustaría
    b) Quería
    c) Me apetecería
    d) Podría

13. ¿... traemos un poco más de pan, por favor?

    a) Podría
    b) Le gustaría
    c) Por qué no
    d) Le apetecería

14. Le da igual que le ...

    a) critican
    b) critiquen
    c) criticarían
    d) criticará

15. ¿Te importa que te ... un cigarro?

    a) coge
    b) cojiese
    c) coja
    d) coger

16. El martes Melisa se enteró de que Roberto y Alicia ... el día anterior.

    a) se ven
    b) se verán
    c) se veían
    d) se habían visto

17. Claudia no quiso casarse con Luis Alfonso, ... él se casó con Laura.

    a) porque
    b) así que
    c) para que
    d) sin embargo

18. ... hacía bueno, nos fuimos a la piscina.

    a) Como
    b) Así que
    c) Para que
    d) Sin embargo

19. Fue una fiesta estupenda. Siento que no ... venir.

    a) puedes
    b) pudiste
    c) hayas podido
    d) has podido

20. Pues, fíjate, no me lo dijo Pedro. Me enteré ayer ... Luis.

    a) para
    b) de
    c) por
    d) con

21. No me digas que estas flores son ... mí.

    a) por
    b) para
    c) a causa de
    d) de

22. Muchas playas del Mediterráneo ... contaminadas.

    a) son
    b) es
    c) está
    d) están

23. Muchos jóvenes ... ecologistas.

    a) son
    b) deben
    c) están
    d) han estado

24. Si alguien me ... flores, me pondría muy contenta.

    a) mandara
    b) manda
    c) mandaría
    d) mandó

25. En caso de que ... la temperatura de la atmósfera, subiría el nivel del mar.

    a) aumentó
    b) aumenta
    c) aumentaría
    d) aumentase

 ¿Qué dirías en las siguientes situaciones?

1. Unos amigos tuyos no tienen nada que hacer el próximo fin de semana. Invítales a comer a tu casa el domingo.

   ....

2. Estás en información en el aeropuerto del Prat de Barcelona. No sabes cómo llegar al centro de la ciudad.

   ....

3. Tu madre está muy preocupada porque tu hermano no ha venido a casa a cenar. Intenta tranquilizarla.

   ....

4. Un amigo tuyo nunca tiene dinero. Dale algún consejo.

   ....

5. Has comido con unos amigos tuyos en el campo. Están echando los restos de la comida al río.

   ....

 Escribe estas frases de otra manera sin cambiar el significado.

1. ¡Ojalá me toque la lotería!
   ¡A ver si ....!

2. A ver si está en la cafetería.
   Tal vez ....

3. Llamará esta noche seguramente.
   Probablemente ....

4. ¿Le importaría traerme un vaso de agua?
   ¿Sería .... ?

5. ¿Podría llamar por teléfono?
   ¿Te importa que .... ?

6. Su padre no le dio dinero, con lo cual no podía comprarse una camisa nueva.
   Como ....

7. Daría la vuelta al mundo si ganara cien millones de pesetas.
   En caso ....

8. No es necesario llamar al médico.
   No hace ....

9. Está prohibido fumar.
   No ....

10. Me alegro de que hayas venido.
    ¡Qué ....!

◆ 5 **Escribe otras cuatro palabras en cada caso.**

1. hotel, ...
2. cine, ...
3. librería, ...
4. alegre, ...
5. ecología, ...

Respuestas:

1. **TOTAL: 20 puntos.**

2. 1c), 2b), 3a), 4a), 5c), 6b), 7c), 8d), 9c), 10c), 11b), 12b), 13a), 14b), 15c), 16d), 17b), 18a), 19c), 20c), 21b), 22d), 23a), 24a), 25d).
   TOTAL: 25 puntos.

3. **Posibles respuestas:**

1. ¿Os apetece venir a comer el domingo?
2. ¿Podría decirme cómo llegar al centro? Quería saber cómo llegar al centro.
3. No te preocupes. Probablemente/Tal vez esté con sus amigos.
4. Deberías gastar menos./ Deberías comer/cenar en casa.
5. No hay que tirar los restos de comida al río. Deberías llevarlos a casa/buscar una papelera.

TOTAL: 15 puntos.

4. 1. ¡A ver si me toca la lotería!
   2. Tal vez esté en la cafetería.
   3. Probablemente llame esta noche.
   4. ¿Sería tan amable de traerme un vaso de agua?
   5. ¿Te importa que llame por teléfono?
   6. Como su padre no le dio dinero, no podía comprarse una camisa nueva.
   7. En caso de que ganase/ganara cien millones de pesetas, daría la vuelta al mundo.
   8. No hace falta llamar al médico.
   9. No hay que fumar./No se puede fumar./No fumar.
   10. ¡Qué bien que hayas venido!

TOTAL: 20 puntos.

5. **TOTAL: 20 puntos.**

TOTAL DE TODA LA EVALUACIÓN: 100 puntos.